Personajes
de la Biblia

**REFERENCIAS
DE BOLSILLO
CARIBE**

Personajes
de la Biblia

Conozca a las personas que
menciona la Biblia

•

Más de mil nombres

•

Exclusivo sistema de Índice

•

De Aarón a Zurisadai

CARIBE

© 2002 Editorial Caribe
Una división de Thomas Nelson, Inc.
Nashville, TN—Miami, FL EE.UU.
www.caribebetania.com

Título en inglés: *Nelson's Pocket Reference: Bible People*
© 1999 Thomas Nelson, Inc.
Publicado por Thomas Nelson, Inc.

Traductor: Omar Díaz de Arce

ISBN 10: 0-89922-625-6
ISBN 13: 978-0-89922-625-5

Impreso en Estados Unidos de América
Printed in the U.S.A.

10 WRZ 10 9 8 7

SOBRE ESTE LIBRO

Bienvenido al libro de bolsillo *Personajes de la Biblia* de Thomas Nelson, una obra de referencia compacta y fácil de manejar que identifica gente cuyos nombre propios aparecen en la Biblia, sin incluir los libros deuterocanónicos.

Los nombres se ordenan alfabéticamente, tal como aparecen en la versión Reina Valera de 1960, utilizando variantes entre corchetes [ ]. Bajo cada entrada, los distintos individuos con este nombre se enumeran utilizando corchetes en negrita, como estos [ ], y así en lo adelante. Entonces, sigue una descripción del personaje con una lista de versículos bíblicos donde su nombre aparece. (A veces no se dan todas las referencias; por lo que si un lector busca un pasaje que no está citado en la sección, debe escoger el personaje más parecido al que allí aparece.)

En ocasiones, cuando se habla de una persona, se menciona el nombre de otra. Si el nombre de esa otra persona está seguido de un (véase también), una entrada separada a ella dedicada aparece en algún lugar del libro.

Muchas personas en las Escrituras tienen el mismo nombre. En docenas de casos no pudimos determinar si un individuo en un libro es aquel que tiene el mismo nombre en otro libro. En el mundo antiguo frecuentemente se utilizaba más de un nombre para llamar a una persona.

En la transmisión de la Escritura los copistas cometían en ocasiones errores. De seguro que a Reuel no se le llamaba también Deuel, ni Nemuel a Jemuel, y así por el estilo. ¿Pero cuál era el nombre original? Solo contamos con indicios en unos pocos casos.

Encontramos variantes y formas abreviadas de nombres a través de la Biblia, que probablemente no ofrecían grandes dificultades al lector antiguo, pero que nos complica aun más a nosotros el problema de su identificación.

Las genealogías hebreas se abreviaban en muchos lugares. A veces es difícil distinguir un hombre de su ascendiente. Considere también el problema de hacer coincidir una lista abreviada con una completa. O los nombres de la lista abreviada son independientes de la más extensa o ya han sido incluidos en ella. En otras palabras, puede que encontremos la misma persona incluida en dos listas o dos personas distintas en ambas listas.

LA PERSONA MÁS IMPORTANTE DE LA BIBLIA

Desde la primera hasta la última página, la Biblia habla de Dios y de su relación con su creación; especialmente la humanidad. Este libro describe a Dios en la medida que la mente finita del hombre puede entender. También describe a Dios como el primer motor del universo, pero uno que tiene un propósito y un plan para cada persona individual. Se ha dicho a menudo que la Biblia es «su historia», la historia de un Dios que busca restaurar el tipo de relación amorosa con la humanidad que existió al principio, antes que la gente se volviera al pecado.

Así mismo, la Biblia presenta a Dios utilizando tres expresiones distintas: Dios el Padre, Dios el Hijo y Dios el Espíritu Santo. La tradición cristiana durante mucho tiempo ha afirmado la naturaleza Única y a la vez Trina de Dios en la doctrina de la Trinidad. En muchos aspectos, cada una de las tres personas puede ser vista como una entidad separada, pero las tres son parte inseparable de la Deidad. Debido al lugar prominente que los miembros de la Trinidad ocupan en la Biblia, todo libro sobre las personas de la Biblia necesita empezar examinando estas tres personas divinas.

Dios el Padre

Antes que la primera estrella comenzara a parpadear, allí estaba Dios. Con ese hecho comienza la Biblia: «En el principio creó Dios los cielos y la tierra» (Gn 1.1).

Cuando se apague la última estrella y la creación dé paso a un Reino celestial, Dios estará allí, con su pueblo. Ese hecho cierra la Biblia en la visión de Juan sobre el futuro: «y verán su rostro … Dios el Señor los iluminará; y reinarán por los siglos de los siglos» (Ap 22.4-5).

Entre Génesis y el Apocalipsis hay una biblioteca sagrada escrita en más de un milenio. Contiene el relato de Dios en la historia, biografía, ley, oración, cánticos, profecía, parábolas, cartas y visiones. A través de esta historia empezamos a comprender a Dios, aunque solo en parte. Pues como pregunta Job, ¿quién puede entender «los secretos de Dios»? «¿Llegarás tú a la perfección del Todopoderoso? Es más alta que los cielos … más profunda que el Seol; ¿cómo la conocerás?» (Job 11.7-8).

Por qué Dios se revela a la humanidad queda claro al momento en el libro de Génesis. Dios creó un mundo bueno e idílico, y colocó en él a seres humanos con los que pudiera establecer relaciones armoniosas. Estos seres humanos decidieron desobedecerlo. A causa de esto, y en formas que apenas podemos entender, el pecado contaminó la creación de Dios y cortó sus íntimas relaciones con la humanidad. Desde este momento, Dios ha venido tratando de restaurar su creación y su relación con los seres humanos.

Dios comienza con enseñanzas a la humanidad sobre sí mismo, a través de promesas hechas y cumplidas a gente obediente, como Noé, y por medio de castigos a gente impía. Entonces, a través de Abraham, Dios produce un pueblo escogido para que recibiera sus leyes y designios especiales, y para que guiara a otros en los caminos del Señor. También envía profetas para recordarle a este pueblo escogido, los judíos, que deben obedecerle.

Por último, Dios envía a Jesús a la tierra y el Espíritu Santo al corazón humano para seguir revelando quién es Él. La Biblia no explica cómo tres entidades distintas pueden reunirse en una. Simplemente lo afirma como un hecho; entonces informa de una amplia gama de asombrosos milagros y testimonios que lo prueban. Quién sino Dios, por ejemplo, puede silenciar una tormenta (Mr 4.39).

De principio a fin la Biblia pinta un retrato complejo y detallado de Dios. Pero Juan, un discípulo de Jesús, es quien mejor lo describe: «Dios es amor» (1 Jn 4.8). La buena noticia para la humanidad es que este amor se nos ofrece y, cuando lo aceptamos, es nuestro para siempre.

Jesús

Jesús, el hijo de Dios, es una figura central en la Biblia; de principio a fin.

Estaba con Dios cuando el mundo fue creado, dice el Evangelio de Juan. Era la esperanza que los profetas anticiparon en el Mesías; un libertador enviado por Dios para salvar a la humanidad del pecado y traer paz a la tierra. Y Él es la consumación de esa esperanza, como se reporta en el Nuevo Testamento, especialmente en los extraordinarios Evangelios de Mateo, Marcos, Lucas y Juan. Su título, Cristo, viene de la palabra hebrea Mesías, traducida al idioma griego de aquellos días como *Christos*.

La madre de Jesús fue la virgen María, comprometida con José, un carpintero de Nazaret. Cuando José supo que su prometida estaba embarazada, pensó dejarla. Pero un ángel le aseguró que el niño era de Dios.

Por órdenes del emperador romano, la pareja viajó al pueblo natal de sus antepasados para ser contados en un censo; en el caso de María y José, Belén, lugar de nacimiento del rey David. Fue allí, en un establo de Belén, donde Jesús nació. Muchos profetas del Antiguo Testamento predijeron que el Mesías vendría de la familia de David; Miqueas añadió que el lugar de su nacimiento sería Belén (Mi 5.2).

Mientras crecía, el niño Jesús trabajó con José. Cuando tuvo doce años de edad, Jesús viajó con su familia al templo de Jerusalén a fin de celebrar la Pascua. Allí asombró a los sabios por su discernimiento espiritual.

La Biblia no dice nada más de Jesús hasta que este comenzó su ministerio, aproximadamente a los treinta años de edad. Este fue un ministerio que se extendió quizás solo tres años, en el

corazón de un pequeño país del Medio Orien-
te. Pero este ministerio ha cambiado la vida y
los valores de la gente a lo largo de los siglos y
alrededor del mundo. Mientras Jesús curaba
enfermedades, calmaba tormentas con una palabra, o enseñaba compasión, le ofrecía a la humanidad un retrato íntimo de Dios lleno de
misericordia y poder.

Ejecutado en una cruz, Jesús también le dio a
la humanidad la mayor prueba, tanto de su deidad como de la vida después de la muerte, pues
tres días más tarde se levantó de la tumba. Durante los siguientes cuarenta días se reunió muchas veces con sus discípulos, y los instó a llevar
su mensaje a todo el mundo. Entonces ascendió a los cielos, pero no sin haber prometido
antes regresar. La Biblia concluye con la mayor
esperanza de los primeros cristianos: «Sí, ven
Señor Jesús» (Ap 22.20).

El Espíritu Santo

El Espíritu Santo es una de las tres personas
de lo que los primeros cristianos llamaron Trinidad: Dios el Padre, Hijo, y Espíritu Santo. La
Biblia no usa la palabra «trinidad», pero presen-

ta a las tres personas divinas como distintas y a la vez iguales a Dios. Por ejemplo, en las últimas palabras de Jesús sobre la tierra, Él le dijo a sus seguidores que hicieran discípulos en todo el mundo y que bautizaran a los conversos «en el nombre del Padre, del Hijo, y del Espíritu Santo» (Mt 28.19).

El papel del Espíritu sobre la tierra a cambiado en el transcurso de la historia. Cuando el universo estaba todavía sin vida y oscuro, « el Espíritu de Dios se movía sobre las aguas» (Gn 1.2), realizando el milagro de la creación. (Los escritores del Antiguo Testamento usualmente lo llaman el Espíritu de Dios, pero en ocasiones el Espíritu Santo). En tiempos del Antiguo Testamento el Espíritu infunde poder a los héroes y líderes de Israel. Cuando, por ejemplo, el profeta Samuel ungió a David como el futuro rey de Israel, «desde aquel día en adelante el Espíritu de Jehová vino sobre David» (1 S 16.13).

En aquellos días, la obra del Espíritu estaba aparentemente limitada a ocasiones especiales y líderes únicos. Pero el profeta Joel, hablando en nombre de Dios, prometió que se aproximaba el tiempo cuando «derramaré mi espíritu sobre toda carne» (Jl 2.28). Ese momento llegó en el dramático milagro del día de Pentecostés, una celebración judía de primavera. Jesús advirtió a sus discípulos que era necesaria su partida: «Mas el Consolador, el Espíritu Santo, a quien el Padre enviará en mi nombre, él os enseñará todas las cosas, y os recordará todo lo que yo os he dicho» (Jn 14.25). Jesús instruyó además a los discípulos para que permanecieran en Jerusalén hasta que llegara el Espíritu. Mientras los discípulos esperaban, «de repente vino del cielo un estruendo como de un viento recio que soplaba» (Hch 2.2). El Espíritu había llegado, llenando a los discípulos de la vitalidad espiritual que les daría valor para predicar sobre Jesús y realizar milagros que probaran que su mensaje venía de Dios.

Miles comenzaron a convertirse al cristianismo y a recibir el Espíritu Santo. «Sois templo de Dios», explicó más tarde el apóstol Pablo a los creyentes. «El Espíritu de Dios mora en vosotros» (1 Co 3.16). Los cristianos guiados por el Espíritu, añadió Pablo, se hallarán a sí mismos asumiendo los rasgos de la divinidad y rechazando los caminos del pecado. «Mas el fruto del

Espíritu es amor, gozo, paz, paciencia, benigni-
dad, bondad, fe, mansedumbre, templanza»
(Gá 5.22-23).

Aarón, hermano de Moisés y primer sumo sacerdote (Éx 4.14,30; 7.2,19; 17.9-12; 29; Nm 12; 17).

Abagta, uno de los siete eunucos del rey Azuero (Est 1.10).

Abda. [1] Padre de Adoniram, encargado del tributo bajo el reinado de Salomón (1 R 4.6). [2] Jefe levita tras el exilio (Neh 11.17). Llamado Obadías en 1 Crónicas 9.16.

Abdeel, padre de Selemías, enviado a prender a Baruc y a Jeremías (Jer 36.26).

Abdi. [1] Uno de los cantores designados por David (1 Cr 6.44). [2] Uno de los que se casaron con mujeres extranjeras durante el exilio (Esd 10.26). [3] Levita contemporáneo de Ezequías (2 Cr 29.12).

Abdías. [1] Mayordomo o primer ministro del rey Acab que trató de proteger a los profetas de Jezabel (1 R 18.3-16). [2] Descendiente del rey David (1 Cr 3.21). [3] Descendiente de Zabulón (1 Cr 27.19). [4] Uno de los príncipes de Josafat comisionado para enseñar la ley (2 Cr 17.7-9). [5] Levita en tiempo del rey Josías (2 Cr 34.12). [6] Cuarto de los «profetas menores». Su mensaje estaba dirigido contra Edom (Abd 1).

Abdiel, descendiente de la familia de Gad (1 Cr 5.15).

Abdón. [1] Juez de Israel durante ocho años (Jue 12.13,15). [2] Ciudad de los levitas (Jos 21—30; 1 Cr 6.74) [3] Descendiente de Benjamín que vivió en Jerusalén (1 Cr 8.23). [4] Primogénito de Jehiel mencionado en Crónicas (1 Cr 8.30; 9.36). [5] Un enviado ante Hulda a preguntar sobre el significado de la Ley (2 Cr 34.20). Llamado Acbor en 2 Reyes 22.12. Posiblemente el mismo que en [3].

Abed-Nego, nombre dado a Azarías, uno de los tres amigos de Daniel llevado cautivo a Babilonia. Este fue echado dentro de un horno de fuego ardiendo (Dn 1.7; 2.49; 3.12-30).

Abi, madre del rey Ezequías (2 R 18.2). *Abi* es una contracción de *Abías* («Jehová es padre»), como se la llama en 2 Crónicas 29.1. Véase Abi-albón; Abi-ezer.

Abi-Albón, uno de los «valientes» de David (2 S 23.31). También se le llama Abiel (1 Cr 11.32).

Abiam. Véase Abías [3].

Abías. [Abiam] [1] Hijo de Samuel y inicuo juez de Israel (1 S 8.2; 1 Cr 6.28). [2] La mujer de Hezrón (1 Cr 2.24). [3] Hijo de Roboam y sucesor al trono de Judá, uno de los ascendientes de Cristo (1 Cr 3.10; 2 Cr 11-20—14.1; Mt

1.7). También se le conocía como Abiam. [4] Séptimo hijo de Bequer hijo de Benjamín (1 Cr 7.8). [5] Descendiente de Aarón designado por David en conexión con los turnos sacerdotales (1 Cr 24.10); véase Lucas 1.6. [6] Hijo de Jeroboam I de Israel (1 R 14.1-8). [7] Sacerdote de la época de Nehemías que firmó el pacto (Neh 10.7). Posiblemente el mismo sacerdote que se menciona en Nehemías 12.1,4,17. [8] *Véase* Abi.

Abiasaf, levita cuyos descendientes guardaron las puertas del Tabernáculo (Éx 6.24; 1 Cr 6.23; 9.19).

Abiatar, el único sacerdote que escapó a la matanza de Saúl en Nob; era sumo sacerdote en tiempos de David. Fue depuesto por Salomón (1 S 22.20-23; 1 R 2.27; 1 Cr 15.11-12). Primera de Samuel 21 dice que Ahimelec [1] era el sumo sacerdote cuando David comió los panes de la proposición, aunque Marcos 2.26 declara que esto ocurrió en los días del sumo sacerdote Abiatar. Hay varias maneras de resolver este problema: (a) Una antigua tradición rabínica dice que el hijo de un sumo sacerdote podía ser también designado sumo sacerdote; sin embargo, no podemos estar seguros de qué antigua sea esta tradición.

(b) Abiatar puede haber estado ayudando a su padre como sumo sacerdote y por eso pudo haber sido el designado. (c) Abiatar tenía una posición más prominente en la historia que su padre Ahimelec, de manera que se le menciona aquí en su lugar. Si esto es así (y parece serlo), a Abiatar se le llama «sumo sacerdote» antes de haber asumido tal cargo. Nótese que Marcos *no* dice que Abiatar estaba presente cuando David se comió los panes de la proposición; no hay necesidad de suponer que este pasaje contiene un error.

Abida, hijo de Madián mencionado en Génesis y Crónicas (Gn 25.4; 1 Cr 1.33).

Abidán, príncipe de Benjamín (Nm 1.11; 2.22; 7.60,65; 10.24).

Abiel. [1] Ascendiente del rey Saúl (1 S 9.1; 14.51). [2] Uno de los 30 valientes de David (1 Cr 11.32). Véase Abi-albón.

Abiezer. [1] Descendiente (o una familia) de Manasés (Jos 17.2; 1 Cr 7.18). *Véase* Jezer. [2] Miembro de la guardia personal de David (2 S 23.27; 1 Cr 11.28; 27.12).

Abigail. [1] Esposa de Nabal y después de David (1 S 25.3,14-44). [2] Madre de Amasa, hecho capitán por Absalón (2 S 17.25; 1 Cr 2.16-17).

Abihail. [1] Jefe de los descendientes de Merari

(Nm 3.35). [**2**] La esposa de Abisur (1 Cr 2.29). [**3**] Cabeza de la familia de Gad (1 Cr 5.14). [**4**] Mujer de Roboam (2 Cr 11.18). [**5**] Padre de Ester (Est 2.15; 9.29).

Abimael, hijo de Joctán mencionado en Génesis y Crónicas (Gn 10.26-28; 1 Cr 1.20-22). El nombre puede que denote una tribu árabe. Algunos especialistas sugieren que alude a una localidad de Arabia.

Abimelec. [**1**] Muchos especialistas creen que el nombre Abimelec de Gerar, en Génesis 20; 21, y 26, es un título real ostentado por reyes filisteos y no un nombre propio. El título del Salmo 34 menciona a Abimelec donde debe aparecer Aquis, rey de Gat. *Véase* Ficol. [**2**] Hijo de Gedeón que quiso ser rey de Israel, y en efecto reinó por tres años (Jue 8.30—10.1). [**3**] *Véase* Ahimelec [2].

Abinadab. [**1**] Hombre de Judá en cuya casa fue colocada el arca (1 S 7.1; 2 S 6.3-4; 1 Cr 13.7). [**2**] Hermano de David (1 S 16.8; 17.13; 1 Cr 2.13). [**3**] Hijo de Saúl asesinado por los filisteos (1 S 31.2; 1 Cr 8.33; 9.39; 10.2). [**4**] Padre de uno de los gobernadores de Salomón (1 R 4.11).

Abinoam, padre del general Barac (Jue 4.6,12; 5.1,12).

Abiram. [1] Uno que conspiró contra Moisés y fue destruido (Nm 16.27; Sal 106.17). [2] Primogénito de Hiel que murió cuando su padre comenzó a reconstruir Jericó (1 R 16.34; véase Jos 6.26).

Abisag, bella mujer escogida para servir al viejo David (1 R 1.3,15; 2.17,21-22). Esta mujer puede que sea la heroína del Cantar de Salomón, donde simplemente se le llama «la Sulamita».

Abisai, hijo de Sarvia, hermana de David. Fue uno de los valientes de David (1 S 26.6-9; 2 S 2.18; 10.10; 23.18).

Abisalom, [Absalón] padre de Maaca, la mujer de Roboam (1 R 15.2,10). Llamado Absalón, otra forma de su nombre, en 2 Crónicas 11.20,21, y Uriel en 2 Crónicas 13.2. Véase Absalón.

Abisúa. [1] Hijo de Finees, descendiente de Aarón mencionado en Crónicas y Esdras (1 Cr 6.4,5,50; Esd 7.5). [2] Descendiente de Benjamín mencionado en Crónicas (1 Cr 8.4).

Abisur, hijo de Samai mencionado en Crónicas (1 Cr 2.28-29).

Abital, mujer de David (2 S 3.4; 1 Cr 3.3).

Abitob, descendiente de Benjamín mencionado en Crónicas (1 Cr 8.11).

Abiú, hijo de Aarón, muerto junto con su hermano por ofrecer fuego extraño a Dios (Éx 6.23; Lv 10.1).

Abiud. [1] hijo de Bela mencionado en Crónicas (1 Cr 8.3). [2] Hijo de Zorobabel y antecesor de Cristo (Mt 1.13).

Abner, forma abreviada de Abiner; capitán del ejército bajo Saúl e Is-boset (1 S 14.50-51; 26.5,7; 2 S 2; 3).

Abraham. [Abram] Cuando Abraham tenía 75

Dios le pidió a Abraham que sacrificara a su único hijo, Isaac (Gn 22.1-9)

años de edad, sin hijos y casado con una mujer estéril, Dios le pidió que dejara su tierra natal y pasara a Canaán, ahora Israel. Como recompensa Dios le dijo que convertiría a Abraham en una «gran nación» (Gn 12.2). Como Abraham obedeció, se convirtió en padre del pueblo judío, y es reverenciado por judíos, cristianos y musulmanes como el epítome de la fe.

Abraham, descendiente de Sem, hijo de Noé, nació y se crió cerca del Golfo Pérsico, en la culturalmente avanzada ciudad de Ur. Este era un sitio donde la mayoría de la gente adoraba ídolos, mientras que Abraham adoraba solo al Señor y confiaba explícitamente en Él. Una vez Dios probó la lealtad de Abraham pidiéndole que sacrificara a su hijo Isaac, quien había nacido cuando Abraham tenía 100 años de edad. Profundamente compungido pero firmemente leal, Abraham construyó un altar y entonces levantó su cuchillo para matar a Isaac. Un ángel lo detuvo diciendo: «ya conozco que temes a Dios, por cuanto no me rehusaste tu hijo, tu único» (Gn 22. 12). Los primeros cristianos vieron este episodio como un anticipo del sacrificio por Dios de Jesús.

La rebelión de Absalón en contra de David terminó cuando quedó colgado de un árbol donde Joab lo mató (2 S 18.1-33)

Los ganados y la familia de Abraham se engrandecieron en Canaán. Sus biznietos, los hijos de Jacob, dieron lugar a las familias extendidas que llegaron a ser conocidas como las doce tribus de Israel.

Absalón, hijo de David que trató de usurpar el trono de su padre (2 S 3.3; 13-19). Véase Abisalom.

Acab. [1] Séptimo rey de Israel. Fue malvado e idólatra y se casó con una mujer de característi-

ticas semejantes: Jezabel (1 R 16.28—22.40).
[2] Falso profeta muerto por Nabucodonosor
(Jer 19.21-22).

Acaico, cristiano corintio que visitó a Pablo en Filipos (1 Co 16.17).

Acán. [1] Hijo de Ezer (véase Jaacán) (Gn 36.27).
[2] Uno que robó parte del botín de Jericó y
trajo «infortunio» a su pueblo. Acán fue muerto por ello (Jos 7.1-24).

Acaz. [1] Onceavo rey de Judá y ascendiente de
Cristo (2 R 15.38—16-20; Mt 1.9). [2] Descendiente de Benjamín (1 Cr 8.35-36; 9.41-42).

Acbor. [1] Padre de un rey de Edón (Gn 36.38-39;
1 Cr 1.49). [2] El padre del que fue enviado a
traer a Urías de Egipto (Jer 26.22; 36.12). [3]
Véase Abdón [4].

Acsa, hija de Caleb que se casó con su tío Otoniel
(Jos 15.16-17; Jue 1.12-13; 1 Cr 2.49).

Acub. [1] Descendiente de David mencionado en
Crónicas (1 Cr 3.24). [2] Portero del templo (1
Cr 9.17; Neh 11.19; 12.25). [3] Ascendiente de
una familia de porteros (Esd 2.42; Neh 7.45).
[4] Ascendiente de los sirvientes del templo
que regresó del exilio (Esd 2.45). [5] Sacerdote
que ayudó al pueblo a entender la ley (Neh
8.7).

Ada. [1] Una de las dos esposas de Lamec (Gn

4.19-20,23). [2] Una de las esposas de Esaú (Gn 36.2,4,10,12,16). Véase esposas de Esaú.

Adaía. [1] Padre de Jedida, la madre del rey Josías (2 R 22.1). [2] Un levita ascendiente de Asaf (1 Cr 6.41). También llamado Iddo (1 Cr 6.21). [3] Sacerdote (=Adaías No. 3). [4] Uno que se casó con una mujer extranjera (Esd 10.29). [5] Otro que hizo lo mismo (Esd 10.39). [6] Padre de un capitán que ayudó a Joiada (2 Cr 23.1).

Adaías. [1] Hijo de Simei mencionado en 1 Cr 8.12-21. [2] Uno cuyos descendientes residían en Jerusalén (Neh 11.5). [3] Levita descendiente de Aarón (Neh 11.12).

Adalía, uno de los hijos de Amán muerto por los judíos (Est 9.8).

Adán, el primer hombre. Su pecado causó que una maldición cayera sobre toda la raza humana (Gn 2—3; 1 Co 15.22,45). Aparece en la genealogía de Cristo (Lc 3.38).

Adar, hijo de Bela mencionado en Crónicas (1 Cr 8.3). Véase Ard [2].

Adbeel, hijo de Ismael mencionado en Génesis y Crónicas (Gn 25.13; 1 Cr 1.29).

Addán. Véase Adón.

Ader, hijo de Bería mencionado en Crónicas (1 Cr 8.15).

Adi, ascendiente de Cristo (Lc 3.28).

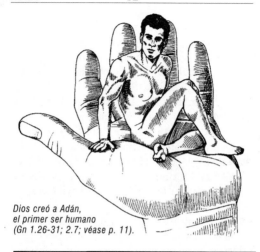

*Dios creó a Adán,
el primer ser humano
(Gn 1.26-31; 2.7; véase p. 11).*

Adiel. [1] Descendiente de Simeón mencionado en Crónicas (1 Cr 4.36). [2] Descendiente de Aarón (1 Cr 9.12). [3] Tesorero del padre de David, Azmavet (1 Cr 27.25).

Adín. [1] Ascendiente de cautivos retornados (Esd 2.15; Neh 7.20). [2] Uno cuyos descendientes retornaron con Esdras (Esd 8.6). [3] Una familia que firmó el pacto (Neh 10.14-16).

Adina, capitán de los valientes de David (1 Cr 11.42).

Adino, jefe de los valientes de David (2 S 23.8). Algunos lo identifican con Jasobeam [2]; otros lo niegan.

Adlai, padre de un supervisor de los rebaños de David (1 Cr 27.29).

Admata, uno de los siete príncipes de Persia (Est 1.14).

Adna. [1] Uno que tomó una mujer extranjera (Esd 10.30). [2] Sacerdote mencionado en Nehemías 12.12-15. Véase también Adnas.

Adnas. [1] Capitán que se unió a David en Siclag (1 Cr 12.20). [2] Un capitán jefe de Josafat (2 Cr 17.14). Véase también Adna.

Adón. [Addán] un hombre que fue incapaz de probar sus antecedentes judíos cuando regresó del exilio (Neh 7.61; Esd 2.59).

Adonías. [1] Hijo de David, ejecutado por Salomón por tratar de usurpar el trono (2 S 3.4; 1 R 1.2). [2] Alguien enviado por Josafat a enseñar la ley (2 Cr 17.8). [3] Uno que firmó el nuevo pacto con Dios tras el exilio (Neh 10.14-16). [4] Véase Tobadonías.

Adoni-bezec, rey de Bezec capturado por Israel (Jue 1.5-7).

Adonicam, ascendiente de cautivos retornados (Esd 2.13; 8.13; Neh 7.18).

Adoniram. Véase Adoram [3].

Adonisedec, rey de Jerusalén derrotado por Josué (Jos 10.1-27).

Adoram. [1] Hijo de Joctán, un descendiente de Noé (Gn 10.27; 1 Cr 1.21). Posiblemente el nombre denota una tribu árabe. [2] Hijo de Toi, rey de Hamat; fue portador de regalos para David (1 Cr 18.10). Se le llama Joram en 2 Samuel 8.9-10, quizás como una forma de honrar al Dios de David (p.ej., Joram significa «Jehová es grande»). [3] Oficial encargado de supervisar el trabajo forzado bajo David, Salomón y Roboam. Se le llama indistintamente Adoniram («mi señor es exaltado») y Adoram, una contracción del nombre anterior (2 S 20.24; 1 R 4.6; 12.18; 2 Cr 10.18).

Adramelec, hijo del rey asirio Senaquerib quien, junto a su hermano, mató a su padre (2 R 19.37; Is 37.38).

Adriel, el hombre con quien se casó Merab pese a haber sido prometida a David (1 S 18.19; 2 S 21.8).

Afía, ascendiente de Saúl (1 S 9.1).

Afses, jefe del decimoctavo coro del templo (1 Cr 24.15).

Agabo, profeta que predijo sufrimientos a Pablo si iba a Jerusalén (Hch 11.28; 21.10).

Agag, nombre o título de los reyes de Amalec; no

es probablemente un nombre propio. Sin embargo, si es un nombre propio, se usa para referirse a dos personas: [1] Un rey mencionado por Balaam (Nm 24.7). [2] Un rey perdonado por Saúl, pero que después fue ejecutado por Samuel (1 S 15).

Agar, sierva egipcia de Sara; futura madre de Ismael hijo de Abraham (Gn 16.1-16; 21.14-17).

Age, padre de uno de los valientes de David (2 S 23.11).

Agripa. Véase Herodes.

Agur, sabio que escribió Proverbios 30.

Ahara. Véase Ahiram.

Aharhel, descendiente de Judá (1 Cr 4.8).

Ahasbai, padre de uno de los valientes de David (2 S 23.34).

Ahastari, hijo de Asur incluido entre los descendientes de Judá (1 Cr 4.6).

Ahbán, hijo de Abisur de Judá (1 Cr 2.29).

Aher, descendiente de Benjamín (1 Cr 7.12). Véase también Ahiram.

Ahí. [1] Cabeza de una familia de la tribu de Gad (1 Cr 5.15). [2] Un hombre de la tribu de Aser (1 Cr 7.34).

Ahíam, uno de los valientes de David (2 S 23.33; 1 Cr 11.35).

Ahían, descendiente de Manasés (1 Cr 7.19).

Ahías. [1] Profeta que predijo la dispersión de las diez tribus (1 R 11.29-30; 14.2, 4-5). [2] Padre de Baasa que conspiró contra Nadab (1 R 15.27,33; 21.22). [3] Hijo de Jarameel (1 Cr 2.25). [4] Uno de los valientes de David (1 Cr 11.36). [5] Uno que firmó el nuevo pacto con Dios tras el exilio (Neh 10.26). [6] Uno encargado de los tesoros del templo (1 Cr 26.20). [7] Nieto de Finees (1 S 14.3,18). Algunos lo identifican con Ahimelec [2]. [8] Uno de los escribas de Salomón (1 R 4.3). [9] Descendiente de Benjamín (1 Cr 8.7). Véase también Ahimelec.

Ahicam, miembro del grupo enviado a consultar a Hulda la profetiza (2 R 22.12,14; 25.22; Jer 26.24; 39.14).

Ahiezer. [1] Príncipe de Dan que ayudó a Moisés a levantar el censo (Nm 1.12; 2.25; 7.66). Uno que se unió a David en Siclag (1 Cr 12.3).

Ahilud, padre de un cronista nombrado por David (2 S 8.16; 20.24; 1 R 4.3, 12).

Ahimaas. [1] Padre de Ahinoam, mujer de Saúl (1 S 14.50). [2] Uno de los funcionarios de Salomón (1 R 4.15). [3] Hijo de Sadoc, quien permaneció fiel a David (2 S 15.27,36; 17.17,20; 18.19-29).

Ahimán. [1] Hijo de Anac que vivió en Hebrón (Nm 13.22; Jos 15.14; Jue 1.10). [2] Portero del templo (1 Cr 9.17).

Ahimelec. [1] Heteo amigo de David (1 S 26.6). [2] Sacerdote hijo de Abiatar [3] (2 S 8.17; 1 Cr 24.6). Algunos piensan que estos pasajes han sido intercambiados (p.ej., en ellos se habla de Ahimelec como hijo de Abiatar en lugar de Abiatar como hijo de Ahimelec). Pero ello parece improbable, especialmente en 1 Crónicas 24. Se le llama Ahimelec en 1 Crónicas 18.16. La Septuaginta tiene también Ahimelec aquí. [3] Uno de los sacerdotes de Nob muerto por ayudar a David (1 S 21.1-8; 22.9-10). Véase también Abimelec; Ahías.

Ahimot, descendiente de Coat (1 Cr 6.25).

Ahinadab, uno de los proveedores reales de Salomón (1 R 4.14).

Ahinoam. [1] Mujer del rey Saúl (1 S 14.50). [2] Una mujer de Jezreel que se casó con David (1 S 25.43; 27.3; 1 Cr 3.1).

Ahío. [1] Hijo de Abinadab, en cuya casa estuvo el arca durante veinte años (2 S 6.3-4; 1 Cr 13.7). [2] Descendiente de Benjamín (1 Cr 8.14). [3] Descendiente de Saúl (1 Cr 8.31; 9.37).

Ahira, jefe de la tribu de Neftalí (Nm 1.15; 2.29; 7.78).

Ahiram, descendiente de Benjamín (Nm 26.38). En Génesis 46.21 se le llama Ehi, posiblemente una contracción de Ahiram, y Ahara en 1 Crónicas 8.1.

Ahisahar, uno de los hijos de Bilhán (1 Cr 7.10).

Ahisamac, uno que ayudó a construir la tienda del tabernáculo de reunión (Éx 31.6; 35.34; 38.23).

Ahisar, funcionario de Salomón (1 R 4.6).

Ahitob. [1] Hijo de Finees (1 S 14.3; 22.9,11-12,20). [2] Padre de Sadoc el sumo sacerdote (2 S 8.17;15.27; 1 Cr 6.7-8). [3] Sumo sacerdote de la misma familia que sirvió en tiempos de Nehemías (1 Cr 6.11; 9.11; Neh 11.11).

Ahitofel, verdadero líder de la rebelión de Absalón contra David. Cuando vio que la victoria era imposible, cometió suicidio (2 S 15—17).

Ahiud. [1] Príncipe de Aser (Nm 34.27). [2] Miembro de la familia de Aod, descendiente de Benjamín (1 Cr 8.7).

Ahlai. [1] Hija de Sesán mencionada en 1 Crónicas 2.31. [2] Padre de uno de los valientes de David (1 Cr 11.41).

Ahoa, hijo de Bela (1 Cr 8.4).

Aholiab, uno de los trabajadores que construyó el tabernáculo (Éx 31.6; 35.34; 36.1-2).

Aholibama. [1] Mujer de Esaú (Gn 36.2,5,14,18). [2] Jefe de Edom (Gn 36.41). Véase también Mujeres de Esaú.

Ahumai, descendiente de Judá (1 Cr 4.2).

Ahuzam, hijo de Asur, descendiente de Judá a través de Caleb (1 Cr 4.16).

Ahuzat, amigo de Abimelec, rey de Filistea (Gn 26.26).

Aja. [1] Hijo de Zibeón (Gn 36.24; 1 Cr 1.40). [2] Padre de Rizpa, concubina de Saúl (2 S 3.7; 21.8,10-11).

Alamet, hijo de Bequer (1 Cr 7.8).

Alejandro. [1] Hijo de Simón que llevó la cruz de Cristo (Mr 15.21). [2] Pariente de Anás y dirigente en Jerusalén (Hch 4.6). [3] Cristiano defensor de Pablo en medio del tumulto provocado entre los efesios (Hch 19.33). [4] Converso que cometió apostasía (1 Ti 1.20). [5] Una persona que le hizo mucho daño a Pablo (2 Ti 4.14). Quizás el mismo que [4].

Alemet, descendiente de Jonatán (1 Cr 8.36; 9.42).

Alfeo. [1] Padre de Leví (Mateo) (Mr 2.14). [2] Padre del apóstol Santiago (Mt 10.3; Mr 3.18; Hch 1.13). Algunos lo identifican con Cleofas. Véase Cleofas.

Almodad, hijo de Joctán (Gn 10.26; 1 Cr 1.20).

Quizás el nombre se refiera a un pueblo árabe que se asentó al sur de Arabia.

Alón, jefe de la tribu de Simeón (1 Cr 4.37).

Alva, jefe edomita (1 Cr 1.51). También se le llama Alva en Génesis 36.40.

Alván, descendiente de Seir (1 Cr 1.40). También se le llama Alván en Génesis 36.23.

Amal, descendiente de Aser (1 Cr 7.35).

Amalec, hijo de Elifaz y progenitor de los amalecitas (Gn 36.12,16; 1 Cr 1.36; Véase Éx 17.8-9).

Amán, primer ministro de Asuero que se confabuló contra los judíos (Est 3—9).

Amarías. [1] Abuelo de Sadoc el sumo sacerdote (1 Cr 6.7,52; Esd 7.3). [2] Hijo de Azarías, sumo sacerdote en tiempos de Salomón (1 Cr 6.11). [3] Descendiente de Coat (1 Cr 23.19; 24.23). [4] Sacerdote jefe en el reino de Josafat (2 Cr 19.11). [5] Señalado para distribuir los diezmos (2 Cr 31.15). [6] Uno que tomó una mujer extranjera durante el exilio (Esd 10.42). [7] Uno que firmó el nuevo pacto con Dios tras el exilio (Neh 10.3; 12.2,13). [8] Uno cuyos descendientes habitaron en Jerusalén tras el exilio (Neh 11.4). [9] Ascendiente del profeta de Sofonías (Sof 1.1).

Amasa. [1] Sobrino de David que se convirtió en comandante del ejército de Absalón (2 S

17.25; 19.13; 20.4-12). [2] Uno que se opuso a hacer esclavos entre los judíos cautivos (2 Cr 28.12).

Amasai. [1] Hombre en la genealogía de Coat (1 Cr 6.25,35; 2 Cr 29.12). [2] Capitán que se unió a David en Siclag (1 Cr 12.18). [3] Sacerdote que ayudó a traer el arca del pacto a Obed-edom (1 Cr 15.24). [4] Sacerdote de la familia de Imer (Neh 11.13).

Amasías. [1] Jefe militar de Josafat (2 Cr 17.16). [2] Hijo y sucesor de Joás al trono de Judá. Fue muerto en Laquis (2 R 12.21—14.20). [3] Hombre de la tribu de Simeón (1 Cr 4.34). [4] Levita descendiente de Merari (1 Cr 6.45). [5] Sacerdote idólatra de Betel (Am 7.10,12,14).

Ami, [Amón] siervo de Salomón cuyos descendientes retornaron de la cautividad (Esd 2.57). En Nehemías 7.59, se le llama Amón.

Amiel. [1] Uno que espió la Tierra prometida (Nm 13.12). [2] Padre de Maquir, el amigo de David (2 S 9.4-5; 17.27). [3] Véase Eliam [1]. [4] Portero del tabernáculo en tiempos de David (1 Cr 26.5).

Aminadab. [1] Suegro de Aarón (Éx 6.23). [2] Príncipe de Judá y ascendiente de Cristo (Nm 1.7; 2.3; Rut 4.19-20; Mt 1.4). [3] Hijo de Coat (1 Cr 6.22). [4] Uno que ayudó a traer el arca del pacto desde la casa de Obed-edom (1 Cr 15.10-11).

Aminadeb, forma griega de Aminadab (véase también).

Amisabad, uno de los capitanes de David (1 Cr 27.6).

Amisadai, padre de Ahiezer, capitán de Dan durante el recorrido por el desierto (Nm 1.12; 2.25).

Amitai, padre del profeta Jonás (2 R 14.25; Jon 1.1).

Amiud. [1] Padre de Elisama, jefe de Efraín (Nm 1.10; 2.18; 7.48). [2] Un simonita cuyo hijo ayudó a dividir la Tierra prometida (Nm 34.20). [3] Un neftalí cuyo hijo ayudó a dividir la Tierra prometida (Nm 34.28). [4] Padre de Talmai, rey de Gesur (2 S 13.37). [5] Descendiente de Fares (1 Cr 9.4).

Amnón. [1] Hijo mayor de David, junto a Ahinoam, muerto por Absalón (2 S 3.2; 13.1-39). [2] Hijo de Simón de la familia de Caleb (1 Cr 4.20).

Amoc, sacerdote que retornó a Jerusalén con Zorobabel (Neh 12.7,20).

Amón. [1] Gobernador de Samaria en tiempos de Acab (1 R 22.26; 2 Cr 18.25). [2] Hijo y sucesor de Manasés al trono de Judá; ascendiente de

Cristo (2 R 21.19-25; Jer 1.2; Sof 1.1; Mt 1.10). [3] Véase Ami.

Amós. [1] Profeta durante los reinados de Uzías y Jeroboam (Am 1.1; 7.10-12,14). [2] Ascendiente de Cristo (Lc 3.25).

Amós proclamó el mensaje de Dios: «Castigaré a Israel» (Amós 2.1—3.15).

Amoz, padre del profeta Isaías (2 R 19.2,20; Is 1.1; 2.1; 13.1).

Amplias, cristiano romano a quien Pablo le mandó saludos (Ro 16.8).

Amrafel, rey de Sinar que peleó contra Sodoma (Gn 14.1,9).

Amram. [1] Descendiente de Leví y padre o ascendiente de Aarón, Moisés y Miriam (Éx 6.18,20; Nm 3.19; 26.58-59). [2] Uno que había tomado una mujer extranjera como esposa (Esd 10.34). [3] Véase Hemdán.

Amsi. [1]Levita de la familia de Merari (1 Cr 6.46). [2] Ascendiente de los exiliados que retornaron (Neh 11.12).

Aná. [1] Madre (¿padre?) de una de las mujeres de Esaú (Gn 36.2,14,18, 25). Si es el padre, se trata de Beeri el heteo (Gn 26.34).Véase las mujeres de Esaú. [2] Hijo de Seir y jefe de la tribu de Edom (Gn 36.20,29; 1 Cr 1.38). [3] Hijo de Zibeón (Gn 36.24; 1 Cr 1.40-41).

Ana. [1] Profetiza, la madre de Samuel (1 S 1.2). [2] profetiza de la tribu de Aser en tiempos de Cristo (Lc 2.36).

Anac, ascendiente de los gigantes anaceos (Nm 13.22,28,33; Jos 15.14).

Anaías. [1] Uno que estuvo junto a Esdras mientras se leía la ley (Neh 8.4). [2] Uno que firmó el nuevo pacto con Dios tras el exilio (Neh 10.22).

Anamin, descendiente de Mizraim (Gn 10.13; 1 Cr 1.11). Posiblemente una tribu egipcia desconocida.

Anán, uno que firmó el nuevo pacto con Dios tras el exilio (Neh 10.26).

Anani, descendiente de David que vivió tras la cautividad babilónica (1 Cr 3.24).

Ananías. [1] Ascendiente de un exiliado retornado (Neh 3.23). [2] Discípulo que cayó fulminado por tratar de engañar a los apóstoles (Hch 5.1; 3,5). [3] Discípulo de Damasco que ayudó a Pablo tras recibir una visión (Hch 9.10-17; 22.12). [4] Sumo sacerdote de Jerusalén que se opuso a Pablo (Hch 23.2; 24.1). [5] Padre de Sedequías (Jer 36.12). [6] Compañero de Daniel (=Sadrac) (Dn 1.6,7,11, 9; 2.17).

Anás, sumo sacerdote de los judíos que primero trató de juzgar a Cristo (Lc 3.2; Jn 18.13,24; Hch 4.6).

Anat, padre del juez Samgar (Jue 3.31; 5.6).

Anatot. [1] Hijo de Bequer (1 Cr 7.8). [2] Uno que firmó el nuevo pacto con Dios tras el exilio (Neh 10.19).

Anatotías, hijo de Sasac (1 Cr 8.24).

Andrés, hermano de Pedro y uno de los doce apóstoles (Mt 4.18; 10.2; Jn 1.40,44; 6.8).

Andrónico, pariente de Pablo en Roma a quien el apóstol le manda saludos (Ro 16.7).

Aner, jefe amorreo (Gn 14.13,24).

Aniam, descendiente de Manasés (1 Cr 7.19).

Antipas, mártir cristiano de Pérgamo (Ap 2.13).

Anub, descendiente de Judá a través de Caleb (1 Cr 4.8).

Apaim, hijo de Nadab (1 Cr 2.30).

Apeles, cristiano romano a quien Pablo le mandó saludos (Ro 16.10).

Apia, cristiana que Pablo menciona cuando le escribe a Filemón (Flm 2).

Apolos, judío cristiano, poderoso en las Escrituras, que vino a Éfeso y fue instruido por Aquila y Priscila (Hch 18.24; 19.1; 1 Co 1.12; 3.4-6; Tit 3.13).

Aquila, judío piadoso, esposo de Priscila y amiga de Pablo (Hch 18.2,18, 26; Ro 16.3; 1 Co 16.19).

Aquim, ascendiente de Cristo (Mt 1.14).

Aquis. [1] Rey de Gat al cual acudió David en busca de seguridad (1 S 21.10-14; 27.2-12). [2] Otro rey de Gat que llevaba el mismo nombre pero que reinó en tiempos de Salomón (1 R 2.39-40). Sin embargo, muchos creen que se trata del mismo rey.

Ara. [1] hijo de Jeter (1 Cr 7.38). [2] Hijo de Ula,

miembro de la tribu de Aser (1 Cr 7.39). [3] Abuelo de la mujer de Tobías, quien se opuso a que Nehemías reconstruyera el templo (Neh 6.18).

Arad, uno de los jefes de Ajalón (1 Cr 8.15).

Aram. [1] Hijo de Sem (Gn 10.22-23; 1 Cr 1.17). Probablemente es una referencia al pueblo arameo. [2] Hijo de Kemuel, sobrino de Abraham (Gn 22.21). [3] Los arameos, o territorio habitado por ellos. Esta voz hebrea se traduce generalmente por Siria o sirios, y a veces por Mesopotamia. [4] Descendiente de Aser (1 Cr 7.34). [5] Ascendiente de Jesucristo (Mt 1.3,4; Lc 3.33). [4] Forma griega de Ram (véase también).

Arán, hijo de Disán (Gn 36.28; 1 Cr 1.42).

Arauna, jebuseo, habitante de Jerusalén en tiempo de David. Véase también Ornán.

Arba, padre de los anaceos. Véase también Quiriat-arba (Gn 35.27; Jos 14.15; 15.13; 21.11).

Ard. [1] Descendiente de Benjamín (Gn 46.21). [2] Hijo de Bela en Números 26.40. Posiblemente el Adar de 1 Crónicas 18.3.

Ardón, descendiente de Caleb mencionado en Crónicas (1 Cr 2.18).

Areli, uno de los hijos de Gad (Gn 46.16; Nm 26.17).

Aretas, Aretas IV, rey de Nabatea, uno de cuyos funcionarios trató de prender a Pablo (2 Co 11.32).

Arfaxad, hijo de Sem y ascendiente de Cristo (Gn 10.22,24; 1 Cr 1.17-18; Lc 3.36). Posiblemente la referencia es a una familia o pueblo. Se le identifica con la región montañosa situada al norte de Nínive.

Argob, conspirador con Peka contra Pekaía (2 R 15.25).

Aridai, hijo de Amán muerto por los judíos (Est 9.9).

Aridata, hijo de Amán colgado con su padre (Est 9.8).

Arié, conspirador con Peka contra Pekaía (2 R 15.25).

Ariel, uno de los «hombres principales» despachados por Esdras (Esd 8.16).

Arioc. [1] Rey de Elasar en Asiria que tomó parte en la expedición contra Sodoma y Gomorra (Gn 14.1,9). [2] Capitán de la guardia de Nabucodonosor enviado a dar muerte a «los sabios de Babilonia» (Dn 2.14-15,24-25).

Arisai, hijo de Amán muerto por los judíos (Est 9.9).

Aristarco, fiel compañero de Pablo que estuvo a

su lado en su tercer viaje misionero (Hch 19.29; 20.4; Col 4.10).

Aristóbulo, cabeza de una familia de Roma saludada por Pablo (Ro 16.10).

Armoni, hijo de Saúl con Rizpa (2 S 21.8).

Arnán, descendiente de David y Zorobabel fundador de una familia (1 Cr 3.21).

Arod, hijo de Gad, progenitor de la familia de los aroditas (Nm 26.17; véase Gn 46.16).

Arquelao, hijo de Herodes el Grande, quien sucedió a su padre como rey de Idumea, Judea y Samaria (Mt 2.22).

Arquipo, cristiano de Colosas (Col 4.17; Flm 2).

Arsa, mayordomo del rey Ela de Israel (1 R 16.9).

Artajerjes, rey de Persia en tiempos de Esdras y Nehemías (Esd 7.1,7,11-12; Neh 2.1; 5.14).

Artemas, compañero de Pablo en Nicópolis (Tit 3.12).

Asa. [1] Tercer rey de Judá y ascendiente de Cristo (1 R 15.8—16.29; Mt 1.7-8). [2] Padre de Berequías y cabeza de una familia levita (1 Cr 9.16).

Asael. [1] Sobrino de David que fue muerto por Abner (2 S 2.18-32; 3.27, 30). [2] Levita enviado a enseñar la ley en tiempo del rey Josafat (2 Cr 17.8). [3] Levita encargado de los diezmos y ofrendas en tiempos del rey Ezequías (2 Cr

31.13). [4] Padre de Jonatán designado para levantar un censo de las esposas extranjeras (Esd 10.15).

Asaf. [1] Padre de Joa y canciller de Ezequías (2 R 18.18,37; 2 Cr 29.13). [2] Cantor en tiempo de David (1 Cr 6.39; 15.17,19). [3] Ascendiente de algunos levitas que regresaron del cautiverio (1 Cr 9.15). [4] Ascendiente de Meselemías, portero del templo (1 Cr 26.1). [5] Funcionario del rey Artajerjes (Neh 2.8).

Asaía, Funcionario del rey Josías (2 R 22.12,14; 2 Cr 34.20).

Asaías. [1] Descendiente de Simeón (1 Cr 4.36). [2] Descendiente de Merari que ayudó a trasladar el arca (1 Cr 6.30; 15.6,11). [3] Silonita que regresó del cautiverio (1 Cr 9.5). [4] Siervo del rey Josías (2 Cr 34.20).

Asareel, descendiente de Judá a través de Caleb (1 Cr 4.16).

Asarela, músico, hijo de Asaf. Designado para el servicio del templo por David (1 Cr 25.2). Se le llama Jesarela en el versículo 14.

Asbea, familia de los que trabajaban lino en Bet-asbea, descendientes de Sela hijo de Judá (1 Cr 4.21).

Asbel, hijo de Benjamín (Gn 46.21; Nm 26.38; 1 Cr 8.1).

Asena, jefe de una familia de sirvientes del templo que regresaron del exilio (Esd 2.50).

Asenat, esposa egipcia de José (Gn 41.45,50; 46.20).

Asenúa, descendiente de Benjamín (1 Cr 9.7). El nombre original fue probablemente Senúa, al cual se le añadió el artículo definido hebreo como prefijo.

Aser, octavo hijo de Jacob y la tribu que formó su posteridad (Gn 30.13; 35.26; 46.17; 49.20;1 Cr 2.2).

Asiel, descendiente de Simeón (1 Cr 4.35).

Asíncrito, cristiano de Roma saludado por Pablo (Ro 16.14).

Asir. [1] Hijo de Coré (Éx 6.24; 1 Cr 6.22). [2] Descendiente de Salomón (1 Cr 3.17). [3] Descendiente de Coré (1 Cr 6.23,37).

Askenaz, hijo (o los descendientes) de Gomer (Gn 10.3; 1 Cr 1.6; Jer 51.27).

Asnapar, uno que trajo gente de Susa y Elam a Samaria (Esd 4.9). Antes se creía que era Esar-hadón, pero ahora se considera que se trataba de Asurbanipal, rey de Asiria e hijo de Esar-hadón.

Aspata, hijo de Amán muerto por los judíos (Est 9.7).

Aspenaz, jefe de los eunucos de Nabucodonosor

que estaba a cargo de los cautivos de Judá (Dn 1.3).

Asriel, descendiente de Manasés (Nm 26.31; Jos 17.2; 1 Cr 7.14).

Asuero. [1] Rey de Persia con el que se casó Ester. Los historiadores lo conocen como Jerjes (Est 1.1; 2.6; 10.3). [2] El padre de Darío de Media (Dn 9.1). [3] Otro nombre de Cambesis, rey de Persia (Esd 4.6).

Asupim, (o supim) es una palabra que debe traducirse en Neh 12.25 como casa o depósito de provisiones, tal cual ocurre en 1 Cr 26.15. «Para Obed-edom la puerta sur, y a sus hijos la casa de provisiones del templo».

Asur. [1] Hijo de Sem (Gn 10.22; 1 Cr 1.17). Posiblemente se refiere al pueblo de Asiria. [2] Hijo de Hezrón y cabeza de los habitantes de Tecoa (1 Cr 2.24; 4.5).

Asvat, descendiente de Aser (1 Cr 7.33).

Atai. [1] Descendiente de Jerameel (1 Cr 2.35,36). [2] Guerrero que se unió a David en Siclag (1 Cr 12.11). [3] Hijo del rey Roboam (2 Cr 11.20).

Ataís, habitante de Jerusalén en tiempo de Nehemías (Neh 11.4).

Atalía, hija de Acab y Jezabel (2 R 8.26; 11.1-20; 2 Cr 22.2—23.21).

Atalías. [1] Descendiente de Benjamín (1 Cr 8.26). [2] Padre de Jesaías, exiliado que retornó del cautiverio (Esd 8.7).

Atara, mujer de Jerameel (1 Cr 2.26).

Ater. [1] Padre de una familia que regresó del exilio (Esd 2.16; Neh 7.21). [2] Padre de una familia de porteros del templo (Esd 2.42; Neh 7.45). [3] Firmante del pacto de Nehemías (Neh 10.7).

Atlai, uno de los que se casaron con mujeres extranjeras en tiempo de Esdras (Esd 10.28).

Augusto César, nombre imperial de Octavio, sobrino de Julio César que llegó a ser emperador romano. Cristo nació durante su reinado (Lc 2.1).

Augusto. Título de los emperadores romanos. En este sentido se usa en Hechos 25.21,25; 27.1, pues el emperador Augusto había muerto muchos años atrás.

Azai, sacerdote de la familia de Imer (Neh 11.13). Véase Jazera.

Azalía, padre del escriba Safán (2 R 22.3; 2 Cr 34.8).

Azán, padre del Paltiel, jefe de la tribu de Isacar (Nm 34.26).

Azanías, padre de uno que firmó el nuevo pacto con Dios tras el exilio (Neh 10.9).

Azarael, sacerdote en tiempo de Nehemías (Neh 12.36).

Azareel. [1] Guerrero que unió a David en Siclag (1 Cr 12.6). [2] Músico entre los hijos e Hemán (=Uziel) (1 Cr 25.18). [3] Jefe de Dan bajo David (1 Cr 27.22). [4] Uno de los que se casaron con mujeres extranjeras en tiempo de Esdras (Esd 10.41). [5] Padre de Amasai (Neh 11.13).

Azarías. [1] Hijo del sacerdote Sadoc (1 R 4.2). [2] Jefe de gobernadores bajo el rey Salomón (1 R 4.5). [3] Rey de Judá (=Uzías) (2 R 14.21). [4] Hijo de Etán (1 Cr 2.8). [5] Descendiente de Jerameel (1 Cr 2.38,39). [6] Hijo de Ahimaas (1 Cr 6.9). [7] Sacerdote, nieto de Ahimaas (1 Cr 6.10,11). [8] Hijo de Hilcías y ascendiente de Esdras, 1 Cr 6.13,14; 9.11; Esd 7.1). [9] Ascendiente de Hemán (=Uzías No. 2) (1 Cr 6.36). [10] Profeta en tiempo del rey Asa (2 Cr 15.1,8). [11] Nombre de dos hijos del rey Josafat (2 Cr 21.2). [12] Nombre de dos oficiales del ejército que ayudaron al sacerdote Joíada (2 Cr 23.1). [13] Sumo sacerdote en tiempo del rey Uzías (2 Cr 26.17, 20). [14] Jefe de Efraín en tiempo del rey Acaz (2 Cr 28.12). [15] Nombre de dos levitas en tiempo del rey Ezequías (2 Cr 29.12). [16] Sumo sacerdote en tiempo del rey Ezequías (2 Cr 31.10,13). **[17]** Ascendiente de Esdras (Esd 7.3). **[18]** Habitante de Jerusalén en tiempo de Nehemías (Neh 3.23,24). **[19]**. Uno que regresó del exilio con Zorobabel (Neh 7.7). **[20]** Levita que ayudó a Esdras (Neh 8.7). **[21]** Firmante del pacto de Nehemías (Neh 10.2). **[22]** Príncipe de Judá en tiempo de Nehemías (Neh 12.33). **[23]** Enemigo del profeta Jeremías (Jer 43.2). **[24]** Compañero de Daniel (=Abed-nego) (Dn 1.6).

Azaz, descendiente de Rubén (1 Cr 5.8).

Azazías. **[1]** Músico en el templo bajo David (1 Cr 15.21). **[2]** Padre de Oseas (1 Cr 27.20). **[3]** Mayordomo del templo bajo Ezequías (2 Cr 31.13).

Azbuc, padre de un hombre llamado Nehemías (Neh 3.16).

Azel, descendiente del rey Saúl (1 Cr 8.37-38; 9.43-44).

Azgad. **[1]** Uno cuyos descendientes regresaron del exilio con Zorobabel (Esd 2.12; Neh 7.17). **[2]** Uno que volvió a Jerusalén con Esdras (Esd 8.12). **[3]** Uno que firmó el nuevo pacto con Dios tras el exilio (Neh 10.15).

Aziel, músico en tiempo de David (=Jaaziel) (1 Cr 15.20).

Aziza, uno de los que se casaron con mujeres extranjeras en tiempo de Esdras (Esd 10.27).

Azmavet. [1] Uno de los treinta valientes de David (2 S 23.31; 1 Cr 11.33). [2] Descendiente del rey Saúl (1 Cr 8.36; 9.42). [3] Padre de Jeziel y Pelet (1 Cr 12.3). [4] Tesorero del rey David (1 Cr 27.25).

Azor, ascendiente de Jesucristo (Mt 1.13,14).

Azricam. [1] Descendiente de Zorobabel (1 Cr 3.23). [2] Descendiente del rey Saúl (1 Cr 8.38; 9.44). [3] Ascendiente de Semaías (1 Cr 9.14; Neh 11.15). [4] Mayordomo del rey Acaz (2 Cr 28.7).

Azriel. [1] Jefe de Manasés (1 Cr 5.24). [2] Padre de Jerimot, jefe de Neftalí en tiempo de David (1 Cr 27.19). [3] Padre de Seraías, oficial enviado a capturar al escribiente Baruc y al profeta Jeremías (Jer 36.26).

Azuba. [1] Madre del rey Josafat (1 R 22.42; 2 Cr 20.31). [2] Mujer del Caleb (1 Cr 2.18,19).

Azur. [1] Firmante del pacto de Nehemías (Neh 10.17). [2] Padre de Hananías (Jer 28.1). [3] Padre de Jaazanías (Ez 11.1).

Baal. [1] Descendiente de Rubén (1 Cr 5.5). [2] Cuarto de los diez hijos de Jehliel (1 Cr 8.29,30; 9.36).

Baal-hanán. [1] Séptimo rey de Edom (Gn 36.38-39; 1 Cr 1.49-50). [2] Oficial del rey David, gederita a cargo de los olivares e higueras de la Sefela (1 Cr 27.28).

Baalis, rey de los amonitas tras la toma de Jerusalén (Jer 40.14).

Baana. [1] Asesino de Is-boset (2 S 4.2-9). [2] Padre de Heleb (o Heled), uno de los valientes de David (2 S 23.29; 1 Cr 11.30). [3] Gobernador de Salomón sobre Tamac y Meguido (1 R 4.12). [4] Gobernador de Salomón sobre Aser y Alot (1 R 4.16). [5] Uno que regresó del exilio con Zorobabel (Esd 2.2; Neh 7.7). [6] Uno que ayudó a la reparación del muro y firmó el pacto de Nehemías (Neh 3.4; 10.27).

Baara, mujer de Saharaim (1 Cr 8.8).

Baasa, rey de Israel cuyo reinado se caracterizó por la impiedad y las guerras (1 R 15.16—16.13).

Baasías, ascendiente de Asaf el cantor (1 Cr 6.40).

Bacbacar, levita descendiente de Asaf el cantor que retornó de la cautividad babilónica (1 Cr 9.15).

Bacbuc, padre de una familia de siervos del templo que regresaron del exilio (Esd 2.51; Neh 7.53).

Bacbuquías, cantor y portero del templo (Neh 11.17; 12.9,25).

Balaam, adivino de Petor en Mesopotamia. Traído por el rey de Moab para que maldijera a Israel, Dios puso palabras de bendición en su boca (Nm 22-24; 31.8).

Balac, rey de Moab que trajo a Balaam para maldecir a Israel (Nm 22-24; Jos 24.9).

Baladán, padre de Merodac-baladán, rey de Babilonia en tiempo de Ezequías (2 R 20.12; Is 39.1).

Bani. [1] Uno de los treinta valientes de David (2 S 23.36). [2] Ascendiente de Etán (1 Cr 6.46) [3] Ascendiente de Utai (1 Cr 9.4). [4] Ascendiente de un grupo que regresó del exilio con Zorobabel (Esd 2.10; 10.29). [5] Ascendiente de algunos que se casaron con mujeres extranjeras en tiempo de Esdras (Esd 10.34). [6] Descendiente de No 5. (Esd 10.38). [7] Padre de Rehum (Neh 3.17). [8] Nombre de dos levitas en tiempo de Nehemías (Neh 8.7; 9.4-5). [9] Nombre de dos firmantes del pacto de Nehemías (Neh 10.13, 14). [10] Padre de Uzi (Neh 11.22).

B

Bar (Forma aramea del hebreo «ben», «hijo»). «Bar» y «ben» son frecuentemente prefijos de nombres que indican una relación directa. De ahí que Pedro sea llamado «Bar-jonás» (hijo de Jonás) porque el nombre de su padre era Jonás (Mt 16.17). Quizás Natanael fuera llamado Bartolomé (hijo de Tolmai) porque el nombre de su padre era Tolmai. Este prefijo puede designar también características o cualidades. Por ejemplo, a José se le llamó Barnabé («hijo de consolación») por la ayuda que le brindó a los apóstoles (Hch 4.36).

Barac, general del juez Débora; ayudó a derrotar a Sísara (Jue 4.6—5.15).

El burro de Balaam tenía razón para ser terco (Nm 22.22-35).

Baraquel, padre de Eliú (Job 32.2,6).

Barcos, padre de una familia de sirvientes del templo que retornaron del exilio (Esd 2.53; Neh 7.55).

Barías, descendiente de David (1 Cr 3.22).

Barjesús, falso profeta en Pafos (=Elimás).

Barrabás, criminal que Pilato soltó en lugar de Jesús (Mt 27.17,20-21,26; Mr 15.7). Véase Bar.

Barsabás. [1] Candidato al apostolado (Hch 1.23). [2] Sobrenombre de Judas (Hch 15.22).

Bartimeo, ciego de Jericó sanado por Jesús (Mr 10.46-52).

Bartolomé, uno de los doce apóstoles de Jesús (Mt 10.3; Mr 3.18; Hch 1.13). Probablemente es el mismo que Natanael (véase también). Véase Bar.

Baruc. [1] Uno que ayudó a la restauración del muro de Jerusalén (Neh 3.20). [2] Firmante del pacto de Nehemías (Neh 10.6). [3] Padre de Maasías (Neh 11.5). [4] Amanuense del profeta Jeremías (Jer 32.12-13,16; 36).

Barzilai. [1] Gadita que socorrió a David (2 S 17.27; 19.31-39). [2] Padre de Adriel (2 S 21.8). [3] Sacerdote cuya genealogía se perdió durante el exilio (Esd 2.61; Neh 7.63).

Basemat. [1] Hija de Elón heteo y mujer de Esaú (Gn 26.34). [2] Hija de Ismael y mujer de Esaú

B

(Gn 36.3-4,10,13,17). [3] Hija de Salomón (1 R 4.15).

Bavai, levita que ayudó en la restauración del muro de Jerusalén (Neh 3.18).

Bazlut, padre de una familia de sirvientes del templo (Esd 2.52; Neh 7.54).

Bealías, benjamita que se unió a David en Siclag (1 Cr 12.5).

Bebai. [1] Ascendiente de un grupo que regresó del exilio con Zorobabel (Esd 2.11; 8.11; 10.28; Neh 7.16). [2] Padre de Zacarías (Esd 8.11). [3] Firmante del pacto de Nehemías (Neh 10.15).

Becorat, ascendiente del rey Saúl (1 S 9.1).

Bedad, padre de Hadad, rey edomita (Gn 36.35; 1 Cr 1.46).

Bedán. [1] Descendiente de Manasés (1 Cr 7.17). [2] Líder de Israel mencionado como salvador de la nación (1 S 2.11). En la Septuaginta, el siríaco y el árabe se lee Barac en lugar del hebreo Bedán, nombre que no vuelve a aparecer en ningún otro pasaje del AT. Algunos suponen que el texto original decía Abdón (Jue 12.13), ya que las consonantes de los dos nombres son las mismas.

Bedías, uno de los que se casaron con mujeres extranjeras en tiempo de Esdras (Esd 10.35).

Beera. [1] Descendiente de Rubén (1 Cr 5.6). [2] Descendiente de Aser (1 Cr 7.37).

Beeri. [1] Padre de Judit, mujer de Esaú (Gn 26.34). Véase también las mujeres de Esaú. [2] Padre del profeta Oseas (Os 1.1).

Bela. [1] Primer rey de Edom (Gn 36.32,33; 1 Cr 1.43-44. [2] Hijo de Benjamín (Gn 46.21; Nm 26.38,40; 1 Cr 7.6-7; 8.1,3). [3] Descendiente de Rubén (1 Cr 5.8).

Beliada, hijo de David (1 Cr 14.7). También conocido como Eliada (2 S 15.16; 1 Cr 3.8).

Belsasar, hijo de Nabucodonosor y co-regente de Babilonia. Fue testigo de una extraña escritura en el muro del palacio antes que su reino fuera destronado por Persia (Dn 5; 7.1; 8.1).

Beltsasar, nombre dado a Daniel en Babilonia (Dn 1.7). Véase Daniel.

Ben-adad. [1] Ben-adad I, Rey de Siria, hizo una alianza con Asa, rey de Judá, para invadir Israel en tiempo de Baasa (1 R 15.18,20; 2 Cr 10.2,4). [2] Ben-adad II, otro rey de Siria, puso sitio personalmente a Samaria (1 R 20.2; 2 R 6.24; 8.7,9). [3] El hijo de Hazael, quien reinó sobre Siria cuando se desintegró el imperio (2 R 13.3,24-25; Am 1.4). [4] Posiblemente un título general de los reyes sirios (Jer 49.27).

Benaía. [1] Oficial de David y Salomón (2 S 8.18;

20.23; 1 R 1.8—2.46). [2] Uno de los treinta valientes de David (2 S 23.30; 1 Cr 11.31; 27.14. [3] Descendiente de Simeón (1 Cr 4.36). [4] Levita, músico en tiempo de David (1 Cr 15.18,20; 16.5). [5] Sacerdote en tiempo de David (1 Cr 15.24; 16.6). [6] Padre de uno de los consejeros de David (1 Cr 27.34). [7] Ascendiente de Jahaziel (2 Cr 20.14). [8] Mayordomo del rey Ezequías (2 Cr 31.13). [9] Nombre de cuatro varones entre los que se casaron con mujeres extranjeras en tiempo de Esdras (Esd 10.25,30,35,43). [10] Padre de Pelatías (Ez 11.1, 13).

Ben-ammi, hijo de Lot y padre de los amonitas (Gn 19.38).

Ben-hail, príncipe de Judá bajo Josafat (2 Cr 17.7).

Ben-hanán, descendiente de Judá (1 Cr 4.20).

Beninu, firmante del pacto de Nehemías (Neh 10.13).

Benjamín. [1] Hijo menor de Jacob y la tribu que formó su posteridad (Gn 35.18). [2] Nieto de Benjamín (1 Cr 7.10). [3] Uno de los que se casaron con mujeres extranjeras en tiempo de Esdras (Esd 10.32). [4] Uno que ayudó en la reparación del muro de Jerusalén (Neh 3.23).

[5] Príncipe de Judá en tiempo de Nehemías (posiblemente = No.4) (Neh 12.34).

Beno, levita, descendiente de Merari (1 Cr 24.26-27).

Benoni, nombre dado al hijo de Raquel cuando la madre murió en el parto. No obstante, su padre Jacob lo llamó Benjamín (Gn 35.18).

Benzohet, descendiente de Judá a través de Caleb (1 Cr 4.20).

Beor. [1] Padre de Bela rey de Edom (Gn 36.32; 1 Cr 1.43). [2] Padre de Balaam (Nm 22.5; 24.3,15; 31.8; Dt 23.4; Jos 13.22; Mi 6.5; 2 P 2.15).

Bequer. [1] Hijo de Benjamín (Gn 46.21). [2] Descendiente de Efraín (Nm 26.35).

Bera, rey de Sodoma en tiempo de Abram (Gn 14.2).

Beraca, guerrero que se unió a David en Siclag (1 Cr 12.3).

Beraías, descendiente de Benjamín (1 Cr 8.21).

Bered, hijo de Efraín (1 Cr 7.20).

Berenice, inmoral hija de Herodes Agripa I. Ella y su hermano Agripa (con quien mantenía una relación incestuosa) estuvieron presentes en el proceso seguido contra Pablo por Festo (Hch 25.13; 23; 26.30).

Berequías. [1] Hijo de Zorobabel (1 Cr 3.20). [2]

Padre de Asaf (1 Cr 6.39; 15.17). [3] Habitante de Jerusalén después del exilio (1 Cr 9.16). [4] Portero del arca (1 Cr 15.23). [5] Uno de los principales de Efraín en tiempo del rey Peka (2 Cr 28.12). [6] Padre de Mesulam (Neh 3.4,30; 6.18). [7] Padre del profeta Zacarías (Zac 1.1,7; Mt 23.35).

Beri, descendiente de Aser (1 Cr 7.36).

Bería. [1] Descendiente de Aser (Gn 46.17; Nm 26.44-45;1 Cr 7.30-31). [2] Descendiente de Efrían (1 Cr 7.23,25). [3] Descendiente de Benjamín (1 Cr 8.13,16). [4] Descendiente de Simei (1 Cr 23.10,11).

Bernabé, cristiano judío que viajó extensamente con Pablo (Hch 4.36; 9.27; 11.22-30; Gá 2.1). Su nombre original era José, pero se le bautizó como Bernabé por los apóstoles (Hch 4.36), que obviamente lo consideraban su consolador. Véase Bar.

Besai, jefe de una familia de sirvientes del templo que retornó a Jerusalén con Zorobabel (Esd 2.49; Neh 7.52).

Beser, descendiente de Aser (1 Cr 7.37).

Besodías, padre de Mesulam y uno de los que reparó la vieja puerta de Jerusalén (Neh 3.6).

Bet-rafa, descendiente de Judá (1 Cr 4.12).

Betsabé, bella mujer de Urías heteo y posterior

esposa de David (2 S 11.3; 12.24; 1 R 1.11—2.19). Fue la madre de Salomón y ascendiente de Cristo (Mt 1.6). Se le llama Bet-súa en 1 Crónicas 3.5.

Bet-súa, otro nombre de Betsabé (véase también).

Betuel, hijo de Nacor y padre de Rebeca (Gn 22.22-23; 28.5).

Bezai. [1] Padre de una familia que regresó del exilio (Esd 2.17; Neh 7.23). [2] Firmante del pacto de Nehemías (Neh 10.18).

Bezaleel. [1] Encargado de la construcción del tabernáculo (Éx 31.2; 35.30; 36.1-2). [2] Uno de los que se casaron con mujeres extranjeras en tiempo de Esdras (Esd 10.30).

Bicri, hijo de Seba que se rebeló contra David (2 S 20.1).

Bidcar, compañero de Jehú cuando mató al rey Joram (2 R 9.25).

Bigta, eunuco del rey Asuero (Est 1.10).

Bigtán, eunuco que conspiró contra el rey Asuero (Est 2.21; 6.2).

Bigvai. [1] Uno que regresó del exilio con Zorobabel (Esd 2.2; Neh 7.7). [2] Padre de una familia que regresó del exilio (Esd 2.14; 8.14; Neh 7.19). [3] Firmante del pacto de Nehemías (Posiblemente = No. 1) (Neh 10.16).

Bildad, uno de los tres amigos de Job (Job 2.11; 8.1; 18.1; 25.1; 42.9).

Bilga. [1] Sacerdote en tiempo de David (1 Cr 24.14). [2] Sacerdote que regresó del exilio (=Bilgaí). (Neh 12.5,18).

Bilha, concubina de Jacob y madre de Dan y Neftalí (Gn 29.29; 30.3-5,7).

Bilhán. [1] Hijo de Ezer, jefe horeo (Gn 36.27; 1 Cr 1.42). [2] Descendiente de Benjamín (1 Cr 7.10).

Bilsán, príncipe que regresó del exilio con Zorobabel (Esd 2.2; Neh 7.7).

Bimhal, descendiente de Aser (1 Cr 7.33).

Bina, descendiente del rey Saúl (1 Cr 8.37; 9.43).

Binúi. [1] Jefe de una familia que regresó del exilio con Zorobabel. Esdras le encomendó pesar el oro y la plata del templo junto a otros levitas (Esd 8.33). [2] Nombre de dos de los que se casaron con mujeres extranjeras en tiempo de Esdras (Esd 10.30,38). [3] Uno que ayudó en la restauración del muro de Jerusalén (Neh 3.24; 10.9). [4] Levita en tiempo de Nehemías (posiblemente =No. 3) (Neh 12.8).

Birza, rey de Gomorra (Gn 14.2).

Birzavit, descendiente de Aser (1 Cr 7.31).

Bislam, uno de los tres que escribieron carta al rey Artajerjes contra los judíos (Esd 4.7).

Bitia, hija de Faraón y mujer de Mered (1 Cr 4.18); su nombre implica su conversión.

Blasto, camarero del rey Herodes (Hch 12.20).

Boanerges («hijos del trueno»), sobrenombre dado a Jacobo y Juan, los hijos de Zebedeo (Mr 3.17).

Bocru, descendiente del rey Saúl (1 Cr 8.38; 9.44).

Booz, Betlemita de Judá que se convirtió en el esposo de Rut y ascendiente de Cristo (Rut 2—4); Mt 1.5; Lc 3.32).

Buna, descendiente de Jarameel (1 Cr 2.25).

Buni. [1] Levita en tiempo de Nehemías (Neh 9.4). [2] Firmante del pacto de Nehemías (Neh 10.15). [3] Ascendiente de Semaías (Neh 11.15).

Buqui. [1] Príncipe de la tribu de Dan (Nm 34.22). [2] Sacerdote descendiente de Aarón (1 Cr 6.5,51; Esd 7.14).

Buquías, músico entre los hijos de Hemán (1 Cr 25.4,13).

Buz. [1] Segundo hijo de Nacor, el hermano de Abraham (Gn 22.21). [2] Descendiente de Gad (1 Cr 5.14).

Buzi, descendiente de Aarón y padre del profeta Ezequiel (Ez 1.3).

C

Cadmiel. [1] Levita, padre de una familia que regresó del exilio con Zorobabel (Esd 2.40; Neh 7.43). [2] Varón de Judá que con sus hijos ayudó en la reconstrucción del templo (Esd 3.9). [3] Levita en tiempo de Nehemías (Neh 9.4, 5; 10.9; 12.8, 24).

Caftorim, habitantes de Caftor (=caftoreros) (Gn 10.14).

Caifás, sumo sacerdote en tiempo de Jesucristo (Mt 26.3, 57-68; Jn 11.49).

Caín, primogénito de Adán y Eva que mató a su hermano Abel (Gn 4.1-25).

Cainán. [1] Hijo de Enós y padre de Mahalaleel (Gn 5.9, 10, 12, 13-14; 1 Cr 1.2; Lc 3.37). [2] Hijo de Arfaxad y ascendiente de Jesucristo (Lc 3.36). Debe notarse que este nombre aparece en el texto de la Septuaginta y no en el texto hebreo de Gn 10.24; 11.12. Su presencia demuestra que las primeras listas del Génesis no pretendían ser completas.

Calai, sacerdote en tiempo de Joiacim (Neh 12.20).

Calcol, un sabio hijo de Zera y nieto de Judá con quien Salomón fue comparado (1 R 4.31; 1 Cr 2.6).

Caleb. [1] Hijo de Jefone, uno de los doce espías

La ira de Caín contra su hermano Abel condujo al primer asesinato (Gn 4.8; véase p. 49).

enviados por Moisés a la Tierra prometida (Nm 13.6; Jos 14-15). [2] Hijo de Hezrón y abuelo de [1] (1 Cr 2.8-19, 42).

Canaán, hijo de Cam y nieto de Noé (Gn 10.6-19; 1 Cr 1.8, 13). Sus descendientes habitaron la parte de Palestina al oeste del Jordán y dieron su nombre a esa región.

Candace, título dinástico de las reinas etíopes (Hch 8.27).

Carcas, uno de los siete eunucos del rey Asuero (Est 1.10).

Carea, padre de Johanán (Jer 40.8).

Carmi. [1] Hijo de Rubén que se fue con él a Egipto (Gn 46.9; Ex 6.14; 1 Cr 5.3). [2] Descendiente de Judá (Jos 7.1; 1 Cr 2.7). [3] Otro hijo de Judá (1 Cr 4.1); algunos lo identifican con [2].

Carpo, cristiano en Troas (2 Ti 4.13).

Carsena, uno de los príncipes de Persia y Media durante el reinado de Asuero (Est 1.14).

Casluhim, hijo de Mizraim (Gn 10.14; 1 Cr 1.12). Posiblemente los antepasados de los filisteos, un pueblo emparentado con los egipcios.

Cedar, segundo hijo de Ismael (Gn 25.13; 1 Cr 1.29).

Cedema, hijo de Ismael (Gn 25.13; 1 Cr 1.31).

Cefas. Véase Pedro.

Cenaz. [1] Jefe de los edomitas (Gn 36.42; 1 Cr 1.53). [2] Cuarto hijo de Elifaz y nieto de Esaú (Gn 36.11, 15; 1 Cr 1.36); quizás el mismo que [1]. [3] Padre del juez Otoniel (Jos 15.17; Jue 1.13). [4] Nieto de Caleb (1 Cr 4.15).

César, nombre de una rama de la aristocrática familia de los Julia que asumió el control del gobierno romano; más tarde el nombre se convirtió en el título formal de los emperadores romanos. Véase Augusto César; Tiberio César; Claudio César.

Cesia, segunda hija de Job, nacida tras su restauración de la aflicción (Job 42.14).

Cetura, mujer de Abraham (Gn 25.1,4; 1 Cr 1.32).

Chuza, intendente de Herodes Antipas cuya mujer ministró a Cristo y los apóstoles (Lc 8.3).

Cirenio, gobernador de Siria cuando nació Jesucristo (Lc 2.2).

Ciro, fundador del imperio Persa; retornó a los judíos a su tierra (Esd .1-4, 7; 3.7; Is 44.28; 45.1-4; Dn 6.28).

Cis [1] Padre del rey Saúl (1 S 9.1, 3; 14.51; Hch 13.21). [2] Hijo de Jehiel y Abigabaón (1 Cr 8.30; 9.36). [3] Levita, hijo de Mahli y padre de Jerameel (1 Cr 23.21, 22; 24.29). [4] Levita en tiempo del rey Ezequías (2 Cr 29.12). [5] Ascendiente de Mardoqueo (Est 2.5).

Claudia, cristiana romana que envió saludos a Timoteo (2 Ti 4.21).

Claudio César, emperador romano que expulsó a los judíos de Roma (Hch 18.2).

Claudio Lisias, tribuno romano, capitán jefe de Jerusalén (Hch 23.26).

Clemente, colaborador de Pablo en Filipos (Fil 4.3).

Cleofas. [1] Uno de los discípulos que Jesús en-

El rey Ciro de Persia permitió el regreso de los judiós (2 Cr 36.22-23).

contró en el camino de Emaús (Lc 24.18). **[2]** Marido de una de las Marías que estuvieron junto a la cruz (Jn 19.25).

Cloé, una mujer de Corinto o Éfeso que conocía los problemas de Corinto (1 Co 1.11).

Coa, un príncipe o una tribu al nordeste de Babilonia que se menciona como enemiga de Jerusalén (Ez 23.23).

Coat, segundo hijo de Leví (Gn 46.11; Ex 6.16, 18).

Colaías. [1] Ascendiente de Salú (Neh 11.7). [2] Padre del falso profeta Acab (Jer 29.21).

Colhoze. [1] Padre de Salum (Neh 3.15). [2] Ascendiente de Maasías (Neh 11.5).

Conanías. [1] Levita, funcionario del rey Ezequías, designado para supervisar los diezmos y ofrendas en el templo (2 Cr 31.12-13). [2] Levita en tiempo del rey Josías (2 Cr 35.9).

Conías, rey de Judá (=Jeconías y Joaquín) (Jer 22.24,28; 37.1).

Coré. [1] Hijo de Esaú (Gn 36.5, 14, 18; 1 Cr 1.35). [2] Hijo de Elifaz y nieto de Esaú (Gn 36.16). [3] Levita que encabezó una rebelión contra Moisés (Nm 16.1-35). [4] Hijo de Hebrón (1 Cr 2.43). [5] Hijo de Asaf cuyos descendientes fueron porteros del tabernáculo (1 Cr 9.19; 26.1). [6] Levita, funcionario del rey Ezequías (2 Cr 31.14).

Cornelio, centurión romano convertido al cristianismo (Hch 10.1-31).

Cos. [1] Descendiente de Judá (1 Cr 4.8). [2] Jefe de una familia de sacerdotes (1 Cr 24.10; Esd 2.61; Neh 7.63). [3] Ascendiente de Meremot (Neh 3.4, 21).

Cosam, ascendiente de Jesucristo (Lc 3.28).

Cozbi, mujer madianita (Nm 25.15, 18).

Crescente, compañero de Pablo (2 Ti 4.10).

Crispo, principal de la sinagoga judía en Corinto que se convirtió a Cristo (Hch 18.7-8; 1 Co 1.14).

Cristo. Véase Jesús.

Cuarto, cristiano de Corinto que envió saludos a la iglesia de Roma (Ro 16.23).

Cus. [1] Hijo mayor de Cam y padre de Nimrod (Gn 10.6-8; 1 Cr 1.8-10). [2] Descendiente de Benjamín y enemigo de David (Sal 7 tít.).

Cusaías, padre de Etán (1 Cr 6.44;15.17).

Cusam-risataim, rey de Mesopotamia que Dios escogió para castigar a Israel (Jue 3.8, 10).

Cusi. [1] Ascendiente de Jehudí (Jer 36.14). [2] Padre del profeta Sofonías (Sof 1.1).

D

Dalaías, descendiente de Judá (1 Cr 3.24). Véase también Delaía.

Dalfón, hijo de Amán muerto por los judíos (Est 9.6-7,10).

Dalila, mujer que los filisteos sobornaron para que encontrara la fuente de la fortaleza de Sansón (Jue 6).

Damaris, mujer ateniense convertida por Pablo (Hch 17.34).

Dan, quinto hijo de Jacob y ascendiente de una de las doce tribus de Israel (Gn 30.6; 49.16-17).

Daniel. [1] Héroe del libro profético que lleva su nombre, la fama de Daniel se debe sobre todo al haber sobrevivido una noche encerrado en una jaula de leones hambrientos. Cómo llegó allí y qué pasó después enriquecen su fascinante historia.

Cuando los babilonios derrotaron la sureña nación de Judá en 597 a.C., y antes de que destruyeran las ciudades del reino una década más tarde, se llevaron a los niveles mas altos de la sociedad a servir al imperio en Babilonia —las personas más educadas e influyentes—. Daniel, un joven noble y sabio, formaba parte de este grupo. Él llegó a ser la élite de la élite de los exiliados, seleccionado para trabajar en

Daniel volvió a demostrar su fe en Dios en la cueva de los leones (Dn 6.28).

el palacio, al igual que sus amigos Sadrac, Mesac y Abed-nego. A todos ellos se les recuerda por haber sobrevivido un horno hirviente tras haber rehusado adorar a un ídolo.

Daniel era un talentoso consejero, y un visionario que interpretaba sueños para el rey Nabucodonosor. El rey quedó tan impresionado que colocó a Daniel al frente de todos los sabios del imperio. Celosos rivales de Daniel convencieron luego a un rey posterior (del imperio Persa conquistador) para que decretara que todos debían elevar sus oraciones solamente a él durante treinta días. Cuando Daniel continuó orando a Dios, fue echado a los leones como castigo. Al sobrevivir la prueba, fue promovido a la segunda posición del imperio, segundo solo del rey.

[2] Uno de los hijos de David (1 Cr 3.1). Véase Quileab. [3] Levita de la línea de Itamar (Esd 8.2; Neh 10.6).

Darcón, siervo de Salomón cuyos descendientes retornaron a Palestina tras el exilio (Esd 2.56; Neh 7.6).

Darda, sabio con quien se comparó a Salomón (1 R 4.31). Véase también Dara.

Darío. Nombre de varios reyes persas. [1] Virrey de Ciro que recibió el reino de Belsasar (Dn 5.30—6.28); también conocido como Darío de Media. Según el libro de Daniel tenía 62 años cuando comenzó a gobernar. [2] Cuarto rey de Persia (Esd 4.5; Hag 1.1; Zac 1.1); [3] Darío 11 (Notus), quien reinó sobre Persia y Babilonia (Neh 12.22).

Datán, jefe de la tribu de Rubén que se rebeló contra Moisés y Aarón (Nm 16; 26.9; Dt 11.6).

David, el más grande de los reyes de Israel, tuvo

La creación de Dios acercó al joven David a Él (Sal 8).

un origen humilde. David nació en el seno de
una familia de pastores de Belén siendo el más
joven de ocho hijos. Pero aún mozo mostró
señales de grandeza. Mataba leones y osos
que atacaban su rebaño, y con solo un disparo
de honda derrotó al campeón de los filisteos,
el gigante Goliat.

Invitado a vivir en el palacio del rey Saúl,
David calmaba al temperamental soberano
tocando el arpa. Cuando Saúl estalló en ira
por la creciente popularidad de David y trató

Después de que David llegó a ser rey, llevó el arca del pacto a Jerusalém (1 Cr 13.1-14; 15.1—16.6).

de matarlo, el joven escapó y vivió como un fugitivo. Inmediatamente, David comenzó a reclutar un ejército de seguidores. Tras la muerte de Saúl en una batalla con los filisteos, Israel rodeó al todavía popular matador del gigante y lo coronó rey.

David escogió Jerusalén como su capital, extendió las fronteras de la nación, e inauguró la época de oro de Israel, que expandió su reino así como el de su hijo Salomón. Pero David tenía defectos: cometió adulterio con Betsabé e hizo matar a su marido. Y crió una familia increíblemente desunida; uno de sus hijos dirigió un intento golpista en su contra. Aún así, David nunca albergó tanto orgullo como para no arrepentirse.

Su dinastía comenzó en 1000 a.C. y duró cerca de 500 años. Los primeros cristianos creyeron que esta había resucitado en Jesús, el Mesías que según la promesa vendría de la familia y el pueblo de David.

Debir, rey de Eglón derrotado por Josué (Jos 10.3).

Débora. [1] Enfermera de Rebeca (Gn 24.59; 35.8). [2] Profetiza y juez de Israel que ayudó a liberar al pueblo de Jabín y Sísara (Jue 4.4-14; 5).

Decar, padre de un funcionario de Salomón (1 R 4.9).

Dedán. [1] Descendiente de Cus (Gn 10.7). Posiblemente un pueblo de Arabia en las cercanías de Edom. [2] Hijo de Joctán y nieto de Abraham (Gn 25.3).

Delaía. [1] Uno de los sacerdotes de David (1 Cr 24.18). [2] Príncipe que rogó a Joacim no destruir el rollo que contenía las profecías de Jeremías (Jer 36.12,25). [3] Ascendiente de una familia posterior al exilio que había perdido su genealogía (Esd 2.60; Neh 7.62). [4] Padre de Semaías (Neh 6.10). Véase también Dalaías.

Demas, amigo de Pablo en Roma que más tarde lo abandonó (Col 4.14; 2 Ti 4.10; Flm 24).

Demetrio. [1] Cristiano elogiado por Juan (3 Jn 12). [2] Platero que dirigió la oposición contra Pablo en Éfeso (Hch 19.24-41).

Deuel, padre de Eliasaf (Nm 1.14). Se le llama Reuel en Números 2.14; no sabemos cuál de los dos es el nombre original.

Diblaim, suegro de Oseas (Os 1.3).

Dibri, descendiente de Dan cuya hija se casó con un egipcio; su hijo fue apedreado por blasfemia (Lv 24.11).

Dicla, hijo de Joctán (Gn 10.27; 1.12). Posiblemente se alude a un pueblo que habitaba en Arabia.

Dídimo. Véase Tomás.

Dina, hija de Jacob y Lea a quien Siquem, hijo de Amor, violó; esto condujo a una guerra tribal (Gn 34).

Dionisio, miembro de la Corte Suprema de Atenas convertido por Pablo (Hch 17.34).

Diótrefes, una persona que se opuso a la autoridad de Juan (3 Jn 9-10).

Disán, hijo de Seir (Gn 36.21,28,30; 1 Cr 1.38,42). Véase también Disón.

Disón. [1] Hijo de Seir (Gn 36.21,30; 1 Cr 1.38). [2] Nieto de Seir (Gn 36.25; 1 Cr 1.41). Véase también Disán.

Dodai. Véase Dodo.

Dodanim, hijo de Javán (Gn 10.4). Algunas versiones traducen en 1 Crónicas 1.7 el nombre como Rodanim, posible referencia a los habitantes de Rodas y las islas vecinas.

Dodava, padre de Eliezer (2 Cr 20.37).

Dodo [Dodai]. [1] Abuelo del juez Tola (Jue 10.1). [2] Comandante de una de las divisiones del ejército de David y padre de Eleazar [3] (2 S 23.9; 1 Cr 11.12; 27.4). [3] Padre de Elhanan [2] (2 S 23.24; 1 Cr 11.26).

Doeg, siervo del rey Saúl que ejecutó los sacerdotes de Nob siguiendo órdenes de su soberano (1 S 21.7; 22.9-19).

Dorcas. Véase Tabita.

Drusila, judía hija de Herodes Agripa y mujer de Félix; ella y Félix escucharon un poderoso mensaje de la boca de Pablo (Hch 24.24-25).

Duma, descendiente de Ismael (Gn 25.14; 1 Cr 1.30).

Ebad. [1] Acompañante de Esdras en su retorno a Jerusalén (Esd 8.6). [2] Padre de Gaal, quien se rebeló contra Abimelec (Jue 9.26-35).

Ebal (Obal). [1] Hijo de Sobal horeo (Gn 36.23; 1 Cr 1.40). [2] Hijo de Joctán, descendiente de Sem (1 Cr 1.22). Se le llama Obal en Génesis 10.28. Posiblemente se alude a un pueblo árabe.

Ebed-melec, eunuco etíope que rescató a Jeremías (Jer 38.7-12; 39.16).

Eber, sacerdote en tiempo de Nehemías (Neh 12.20). Véase Heber.

Ebiasaf. Véase Abiasaf.

Edén. [1] Descendiente de Gersón (2 Cr 29.12). [2] Levita del tiempo de Ezequías (2 Cr 31.15).

Eder, nieto de Merari, hijo de Leví (1 Cr 23.23; 24.30).

Edom, nombre dado a Esaú, el mayor de los hijos de Isaac, debido a su piel rojiza (Gn 25.30). Véase Esaú; Obed-edom.

Efa. [1] Concubina de Caleb (1 Cr 2.46). [2] Familia de los descendientes de Caleb (1 Cr 2.47). [3] Hijo de Madián y su posteridad (Gn 25.4; 1 Cr 1.33; Is 60.6).

Efai, padre de algunos militares que se juntaron con Gedalías en Mizpa (Jer 40.8).

Efal, descendiente de Fares a través de Jerameel (1 Cr 2.37).

Efer. [1] Descendiente de Madián (Gn 25.4; 1 Cr 1.33). [2] Descendiente de Esdras (1 Cr 4.17). [3] Jefe de una familia de Manasés al este del río Jordán (1 Cr 5.24).

Efod, padre de Haniel, príncipe de Manasés (Nm 34.23).

Efraín, hijo menor de José con Asenat, la tribu que formó su posteridad, y su territorio; a veces se refiere a todo el reino norteño de Israel. Pese a no ser el primer hijo, recibió las bendiciones de la primogenitura (Gn 41.52; 46.20; 48; 50.23).

Efrata, segunda esposa de Caleb (1 Cr 2.19,50; 4.4).

Efrón, heteo de quien Abraham compró la cueva de Macpela, que se convirtió en la sepultura de Sara (Gn 23.8,10,13-14; 49.30).

Egla, una de las esposas de David (2 S 3.5; 1 Cr 3.3).

Eglón, rey de Moab que oprimió a Israel en los días de los jueces (Jue 3.12-17).

Ehi. Véase Ahiram.

Ehud. [1] Juez que liberó a Israel de la opresión de Eglón de Moab (Jue 3.15-30). [2] Biznieto de

Benjamín (1 Cr 7.10; 8.6); quizás el mismo que [1].

Ela. [1] Jefe de Edom (Gn 36.41; 1 Cr 1.52). [2] Padre de uno de los gobernadores de Salomón (1 R 4.18). [3] Hijo del sucesor de Baasa. Rey de Israel. Zimri lo mató (1 R 16.6-14). [4] Padre de Oseas, último rey de Israel (2 R 15.30; 17.1). [5] Hijo de Caleb, hijo de Jefone (1 Cr 4.15). [6] Descendiente de Benjamín (1 Cr 9.8).

Elad, descendiente de Efraín muerto por los hijos Gat en medio de una disputa por la posesión de ganados (1 Cr 7.21).

Elada, descendiente de Efraín (1 Cr 7.20).

Elam. [1] Hijo de Sem (Gn 10.22; 1 Cr 1.17). Algunos consideran que alude al pueblo de Elam, una región más allá del Tigris, al este de Babilonia. Limitaba al norte con Asiria y Media, al sur con el Golfo Pérsico, y al este y sudeste con Persia. [2] Descendiente de Benjamín (1 Cr 8.24). [3] Descendiente de Coré (1 Cr 26.3). [4] Uno de los líderes del pueblo que selló el nuevo pacto con Dios tras el exilio (Neh 10.14). [5] Sacerdote del tiempo de Nehemías que ayudó a limpiar Jerusalén (Neh 12.42). [6] Uno cuyos descendientes retornaron del exilio (Esd 2.7). [7] Otro cuyos descendientes retornaron del exilio (Esd 2.31). **[8]** Otro cuyos descendientes retornaron del exilio (Esd 8.7). **[9]** Ascendiente de algunos que se casaron con mujeres extranjeras durante el exilio (Esd 10.2).

Elasa. **[1]** Hijo de Pasur sacerdote que se casó con una mujer extranjera (Esd 10.22). **[2]** Embajador de Sedequías (Jer 29.3). **[3]** Descendiente de Jarameel (1 Cr 2.39-40). **[4]** Descendiente del rey Saúl (1 Cr 8.37; 9.43).

Elcana. **[1]** Hijo de Coré (Éx 6.24; 1 Cr 6.23). **[2]** Padre del profeta Samuel (1 S 1.1). **[3]** Nombre que aparece en varias listas de levitas (1 Cr 6.25-26, 35-36; 9.16; 15.23. **[4]** Benjamita que se juntó con David en Siclag (1 Cr 12.6). **[5]** Oficial del rey Acaz (2 Cr 28.7).

Elda, descendiente de Madián (Gn 25.4; 1 Cr 1.33).

Eleazar. [1] Tercer hijo de Aarón y heredero del oficio de sumo sacerdote (Esd 6.23; Nm 3.32; 20.28). **[2]** Uno santificado para que guardara el arca del pacto (1 S 7.1). **[3]** Uno de los valientes de David (2 S 23.9; 1 Cr 11.12). **[4]** Descendiente de Merari que no tenía hijos (1 Cr 23.21-22; 24.28). **[5]** Sacerdote que acompañaba a Esdras cuando este retornó a Jerusalén (Esd 8.33). **[6]** Sacerdote que asistió a la dedicación de la muralla de Jerusalén (Neh 12.42); posiblemente el mismo que [5]. [7] Ascendiente de Jesús (Mt 1.15).

Elhanán. [1] Guerrero del ejército de David que mató al hermano de Goliat (1 Cr 20.5; 2 S 21.19). [2] Uno de los treinta valientes de David (2 S 23.24; 1 Cr 11.26).

Elí, sumo sacerdote en Silo y juez de Israel. Se le recuerda por su falta de firmeza (1 S 1—4).

Eliab. [1] Jefe de la tribu de Zabulón (Nm 1.9; 2.7; 7.24; 29; 10.16). [2] Padre de Datán y Abirán, compañeros de Coré (Nm 16.1,12; 26.8-9; Dt 11.9). [3] Primogénito de Isaí y hermano de David (1 S 16.6; 17.13); se le llama Eliú en 1 Cr 27.18. [4] Ascendiente de Samuel (1 Cr 6.27); se le llama Eliel en 1 Cr 6.34 y en 1 Samuel 1.1. [5] Guerrero que se juntó con David en Siclag (1 Cr 12.9). [6] Levita, músico en tiempo de David (1 Cr 15.18,20; 16.5). Véase Eliel.

Eliada. [1] Hijo de David nacido en Jerusalén (2 S 5.16; 1Cr 3.8). [2] Padre de Rezón (1 R 11.23). [3] Jefe militar del rey Josafat (2 Cr 17.17).

Elías. [1] Gran profeta de Dios; se opuso constantemente a la idolatría y fue al cielo en un carro de fuego (1 R 17.1—2 R 2.11; Mt 17.3). [2] Descendiente de Benjamín (1 Cr 8.27). [3] Sacerdote en tiempo de Esdras (Esd 10.21). [4]

Elías retó a los profetas de Baál a una competencia sobre el monte Carmelo (1 R 18.19-40),

Uno de los que se casaron con mujeres extranjeras en tiempo de Esdras (Esd 10.26).

Elica, uno de los treinta valientes de David (2 S 23.25).

Elidad, oficial de la tribu de Benjamín (Nm 34.21).

Eliel. [1] Jefe de la tribu de Manasés (1 Cr 5.24). [2] Levita, cantor en el templo (1 Cr 6.34). [3] Nombre de dos jefes de la familia de Benjamín (1 Cr 8.20,22). [4] Nombre de tres héroes en el

servicio de David (1 Cr 11.46,47; 12.11). [5]
Levita que ayudó a traer el arca a Jerusalén (1
Cr 15.9,11). [6] Levita en tiempo del rey Eze-
quías (2 Cr 31.13). Véase Eliab.

Elienai, jefe de la tribu de Benjamín (1 Cr 8.20).

Eliezer. [1] Mayordomo de Abraham (Gn 15.2).
[2] Segundo hijo de Moisés y Séfora (Éx 18.4;
1 Cr 23.15,17). [3] Descendiente de Benjamín
(1 Cr 7.8). [4] Sacerdote que ayudó a traer el
arca a Jerusalén (1 Cr 15.24). [5] Jefe de la tribu
de Rubén (1 Cr 27.16). [6] Profeta en tiempos
del rey Josafat (2 Cr 20.37). [7] Nombre que
aparece en varias listas de Esdras (Esd 8.16;
10.18, 23,31). [8] Ascendiente de Jesucristo
(Lc 3.29).

Elifal, uno de los treinta valientes de David (1 Cr
11.35).

Elifaz. [1] Uno de los tres amigos de Job (Job 2.11;
4.1; 15.1). [2] Primogénito de Esaú (Gn
36.4,10-12; 15-16; 1 Cr 1.35-36).

Elifelehu, levita, músico que David nombró al
servicio del templo (1 Cr 15.18,21).

Elifelet. [1] El último de los trece hijos de David
(2 S 5.16; 1 Cr 3.8; 14.7). [2] Otro de los hijos
de David (1 Cr 3.6); llamado Elpelet en 1 Crónicas 14.5. [3] Uno de los valientes de David (2
S 23.34). [4] Descendiente de Benjamín y Saúl

(1 Cr 8.39). [**5**] Uno que regresó a Jerusalén con Esdras (Esd 8.13). [**6**] Uno de los que se habían casado con mujeres extranjeras en tiempo de Esdras (Esd 10.33).

Elihoref, secretario del rey Salomón (1 R 4.3).

Elimas, judío mago y falso profeta que se opuso a Saulo y a Bernabé en Pafos (Hch 13.8); también se le llamó Barjesús.

Elimelec, esposo de Noemí y suegro de Rut. Murió en Moab (Rut 1.2-3; 2.1; 3; 4.3,9).

Elioenai. [1] Descendiente de David (1 Cr 3.23, 24). [**2**] Jefe de la tribu de Simeón (1 Cr 4.36). [**3**] Descendiente de Benjamín (1 Cr 7.8). [**4**] Levita portero en el templo (1 Cr 26.3). [**5**] Jefe de una familia que regresó con Esdras (Esd 8.4). [**6**] Sacerdote que se había casado con mujer extranjera en tiempo de Esdras (Esd 10.22). [**7**] Uno de los que se habían casado con mujeres extranjeras en tiempo de Esdras (Esd 10.27). [**8**] Sacerdote en tiempo de Nehemías (Neh 12.41).

Elisabet. [1] Mujer de Aarón y madre de Nadab, Abiú, Eleazar e Itamar (Éx 6.23). [**2**] Mujer de Zacarías y madre de Juan el Bautista (Lc 1.1-57).

Elisafat, militar que ayudó a Joaida contra Atalía (2 Cr 23.1).

Elisama. [1] Jefe de la tribu de Efraín en el desierto (Nm 1.10; 2.28; 7.48, 53; 10.22; 1 Cr 7.26). [2] Hijo de David (2 S 5.16; 1 Cr 3.8; 14.7). [3] Otro hijo de David (1 Cr 3.6); también llamado Elisúa en 2 Samuel 5.15 y 1 Crónicas 14.5. [4] Descendiente de Judá (1 Cr 2.41). [5] Una de las «semillas reales» y abuelo de Gedalías (2 R 25.25; Jer 41.1). [6] Escriba o secretario de Joacim (Jer 36.12,20-21). [7] Sacerdote enviado por Josafat para enseñar la Ley (2 Cr 17.8).

Eliseo, discípulo y sucesor de Elías; desempeñó el oficio de profeta durante cincuenta y cinco años (1 R 19.16-17,19; 2 R 2-6; Lc 4.27).

Elisúa, uno de los hijos de David (2 S 5.15; 1 Cr 14.5). Véase Elisama [3].

Elisur, jefe de la tribu de Rubén que ayudó a Moisés a hacer el censo (Nm 1.5; 2.10; 7.30,35;10.18).

Eliú. [1] Ascendiente de Samuel (1 S 1.1). [2] Jefe de Manasés que se juntó con David en Siclag (1 Cr 12.20). [3] Levita, portero del templo (1 Cr 26.7). [4] Hermano de David (1 Cr 27.18). [5] Joven que habló a Job después de sus tres amigos (Job 32.2; 4-6). [6] Véase Eliab [3]. [7] Véase Eliab [4].

Eliud, ascendiente de Jesús (Mt 1.14-15).

Elizafán. [1] Jefe de la familia de Coat (Nm 3.30; 1

Cr 15.8); también se le llama Elzafán (Éx 6.22; Lv 10.4). [2] Jefe de la tribu de Zabulón (Nm 34.25).

Elmodam, ascendiente de Jesucristo (Lc 3.28).

Elnaam, padre de dos de los valientes de David (1 Cr 11.46).

Elnatán. [1] Abuelo materno del rey Joaquín (2 R 24.8; Jer 26.22). [2] Nombre de tres de los mensajeros de Esdras (Esd 8.16).

Elón. [1] Padre de Basemat, mujer de Esaú (Gn 26.34; 36.2). [2] Hijo de Zabulón (Gn 46.14; Nm 26.26). [3] Juez de Israel durante diez años (Jue 12.11-12).

Elpaal, descendiente de Benjamín (1 Cr 8.11-12).

Elpelet. Véase Elifelet [2].

Eluzai, guerrero que se juntó con David en Siclag (1 Cr 12.5).

Elzabad. [1] Guerrero que se juntó a David en Siclag (1 Cr 12.12). [2] Levita, portero del templo (1 Cr 26.7).

Elzafán. Véase Elizafán.

Enán, padre de Ahira, príncipe de Neftalí (Nm 1.15; 2.29; 7.78,83; 10.27).

Eneas, paralítico de Lida sanado por Pedro (Hch 9.33-34).

Enoc. [1] Hijo de Caín y padre de Irad (Gn 4.17-18). [2] Hijo de Hared y padre de Matusalén; ascendiente de Cristo (Gn 5.18-19,21; 1 Cr 1.3; Lc 3.37; He 11.5).

Enós, hijo de Set y padre de Cainán; ascendiente de Cristo (Gn 4.26; 5.6-11; 1 Cr 1.1; Lc 3.38).

Epafras, cristiano colaborador de Pablo que sirvió como misionero en Colosas (Col 1.7; 4.12; Flm 23).

Epafrodito, cristiano de Filipos que trabajó con tanta intensidad que perdió su salud (Fil 2.25; 4.18).

Epeneto, cristiano de Roma al que Pablo saludó (Ro 16.5).

Equer, descendiente de Judá (1 Cr 2.27).

Er. [1] Primogénito de Judá (Gn 38.3,6-7; 1 Cr 2.3). [2] Nieto de Judá (1 Cr 4.21). [3] Ascendiente de Jesús (Lc 3.28).

Erán, nieto de Efraín (Nm 26.36).

Erasto, [1] Cristiano enviado junto a Timoteo a Macedonia mientras Pablo permanecía en Asia (Hch 19.22). [2] Tesorero de la ciudad de Corinto que envía saludos a Roma (Ro 16.23). [3] Uno que se quedó en Corinto (2 Ti 4.20). Quizás algunos o todos los anteriores son la misma persona.

Eri , hijo de Gad (Gn 46.16; Nm 26.16).

Esar-hadón, rey de Asiria, hijo y sucesor de Senaquerib (2 R 19.37; Esd 4.2; Is 37.38).

Esaú, hijo mayor de Isaac y hermano mellizo de Jacob; progenitor de la tribu de Edom (Gn 25.25). Esaú vendió el derecho de su primogenitura a Jacob (Gn 25.26-34; 27; 36).

Es-baal, igual a Is-boset (1 Cr 8.33; 9.39), que quiere decir «hombre de vergüenza». Esto quizás no haya sido su nombre original. Según 1Crónicas 8.33 su nombre era Es-baal (Isbaal), «hombre de Baal» (señor), pero tan repugnante llegó a ser el empleo de Baal en el nombre propio de un israelita, que un escriba puede haber puesto *boset* (vergüenza) en lugar de baal.

Esbán, descendiente de Esaú (Gn 36.26; 1 Cr 1.41).

Esceva, sacerdote judío en Éfeso cuyos hijos intentaron exorcizar un demonio, pero los ahuyentó e hirió (Hch 19.14-16).

Escol, hermano de Mamre y Aner que ayudó a Abraham a derrotar a Quedorlaomer (Gn 14.13-24).

Esdras. [1] Cabeza de uno de los grupos de sacerdotes que retornaron del exilio (Neh 12.1). Su nombre completo, *Azarías*. Aparece en Nehemías 10.2. [2] Descendiente de Judá a través de Caleb (1 Cr 4.17). Véase Ezer [3]. Prominente escriba y sacerdote descendiente del

Esdras el escriba leyó la Ley de Dios a los judíos que regresaron a Jerusalén (Neh 8.1-18).

sumo sacerdote Hilcías (Esd 7.1-12; 10.1; Neh 8.1-13). Véase Azarías.

Esec, descendiente del rey Saúl (1 Cr 8.39).

Esli, ascendiente de Jesucristo (Lc 3.25).

Esposas de Esaú: Hay dos listas de esposas de Esaú; Génesis 26.34; 28.9 las relacionan de la siguiente manera: [1] Judit, hija de Beeri heteo. [2] Basemat, hija de Elón heteo, y [3] Mahalat, hija de Ismael hijo de Abraham. La otra lista, que aparece en Génesis 36.2-3, habla de: [1] Aholibama, hija de Aná, la hija de Zibeón. [2] Ada, hija de Elón heteo, y [3] Basemat, hija de Ismael. Algunos eruditos suponen que estamos ante seis mujeres, pero esto parece poco probable. En el mundo antiguo, muchas mujeres recibían un nuevo nombre al casarse y este hecho explicaría los diferentes nombres. De esa forma. [1] Judit sería Aholibama, [2] Basemat sería Ada y [3] Mahalat sería Basemat. En lo que se refiere a Judit, Beeri puede que sea su padre y Aná su madre; o quizás Aná sea otro nombre de Beeri. Algunos incluso piensan que Beeri («hombre de los manantiales») es más bien un seudónimo y no un nombre propio.

Esrom (=Hezrón), hijo de Fares (Mt 1.3; Lc 3.33).

Estaquis, creyente de Roma a quien Pablo le envía saludos (Ro 16.9).

Esteban, uno de los siete diáconos. Se convirtió en el primer mártir de la iglesia después de Cristo (Hch 6.5-9; 7.59; 8.2).

Estéfanas, una de las primeras familias creyentes en Acaya (1 Co 1.16; 16.15-17).

Estemoa, maacateo hijo de Isba (1 Cr 4.17,19).

Ester, nombre persa de Hadasa, escogida por

Azuero como su reina. El libro de Ester cuenta la historia.

Ester arriesgo su vida al interceder ante el rey por su pueblo (Est 4.8-15).

Estón, descendiente de Judá a través de Caleb (1 Cr 4.11-12).

Etam, nombre que aparece en la genealogía de

Judá (1 Cr 4.3). Puede que sea el nombre de un lugar.

Etán. [1] Un sabio en los días de Salomón (1 R 4.31; título del Sal 89). [2] Hijo de Zera y nieto de Judá (1 Cr 2.6,8). Posiblemente es el mismo que [1]. [3] Véase Jedutún. [4] Descendiente de Leví (1 Cr 6.42).

Et-baal, rey de los sidonios y padre de Jezabel (1 R 16.31).

Etnán, nieto de Asur a través de Caleb hijo de Hur (1 Cr 4.7).

Etni, ascendiente de Asaf el cantor (1 Cr 6.41).

Eubulo, uno de los cristianos romanos que se mantuvo leal a Pablo (2 Ti 4.21).

Eunice, la piadosa madre de Timoteo (2 Ti 1.5; véase Hch 16.1).

Eutico, joven discípulo de Troas al que Pablo devolvió la vida (Hch 20.6-12).

Eva, la primera mujer y esposa de Adán (Gn 3.20; 4.1; 2 Cr 11.3).

Evi, uno de los cinco reyes madianitas (Nm 31.8; Jos 13.21).

Evil-merodac, rey de Babilonia que liberó a Joaquín de la prisión. Sucedió a su padre Nabucodonosor (2 R 25.27-30; Jer 52.31).

Evodia, cristiana de Filipos (Fil 4.2).

Eva probó el fruto del árbol prohibido a pesar del mandamiento de Dios (Gn 3.1-6; Véase p. 79).

Ezbai, padre de uno de los valientes de David (1 Cr 11.37).

Ezbón. [1] Hijo de Gad (Gn 46.16), llamado Ozni en Números 26.16. [2] Descendiente de Benjamín (1 Cr 7.7).

Ezequías. [1] Duodécimo rey de Judá, sucesor de Acaz y ascendiente de Cristo. Instituyó una reforma religiosa y garantizó la seguridad y la prosperidad de la nación (2 R 18—20; 2 Cr

29—32; Mt 1.9-10). [**2**] Descendiente de Salomón (1 Cr 3.23). [**3**] Jefe de Efraín durante el reinado de Acaz (2 Cr 28.12). [**4**] Hijo de una familia que regresó con Nehemías de Babilonia (=Ater) (Esd 2.16; Neh 7.21;10.27). [**5**] Ascendiente del profeta Sofonías (Sof 1.1).

Ezequiel, profeta de una familia de sacerdotes llevada cautiva a Babilonia. Profetizó a los exiliados junto al río Quebar en Mesopotamia, y es

En una de las visiones de Ezequiel, se vio en un valle de huesos secos (Ez 37.1-14; Véase p 91).

autor del libro que lleva su nombre (Ez 1.3; 24.24).

Ezer. [1] Hijo de Efraín muerto por los habitantes de Gat (1 Cr 7.21). [2] Sacerdote en tiempos de Nehemías (Neh 12.42). [3] Descendiente de Judá a través de Caleb (1 Cr 4.4). [4] Guerrero gadita que se juntó con David en Siclag (1 Cr 12.9). [5] Levita que ayudó en la reparación de la muralla de Jerusalén (Neh 3.19). [6] Hijo de Seir (Gn 36.21,27,30; 1 Cr 1.38,42). Véase Abi-ezer; Romanti-ezer.

Ezri, uno de los oficiales del rey David que supervisaba a quienes trabajaban en la labranza de las tierras (1 Cr 27.26).

F

Falú, hijo de Rubén (Gn 46.9; Éx 6.14; 1 Cr 5.3).

Fanuel, padre de Ana (Lc 2.36).

Faraón, título real de los monarcas egipcios, equivalente a nuestra palabra *rey* (Gn 12.15; 37.36; Éx 2.15; 1 R 3.1; Is 19.11).

Fares, primogénito de Judá y ascendiente de Cristo (Gn 38.29; 46.12; 1 Cr 27.3; Neh 11.4; Lc 3.33).

Febe, diaconisa de la iglesia en Cencrea que ayudó a Pablo (Ro 16.1).

Felipe. [1] Uno de los doce apóstoles de Cristo (Mt 10.3; Jn 1.44-48; 6.5-9). [2] Evangelista mencionado varias veces en Hechos (Hch 6.5; 8.5-13). Véase Herodes [3], [4].

Félix, procurador romano de Judea que presidió el juicio de Pablo en Cesarea (Hch 23.23-27; 24.22-27).

Festo, sucesor de Félix como procurador de Judea. Continuó el juicio de Pablo iniciado bajo Félix (Hch 25; 26).

Ficol, capitán o capitanes del ejército de Abimelec, rey de los filisteos (Gn 21.22; 26.26). Algunos especialistas piensan que este no es un nombre propio (Abimelec tampoco), sino un título militar filisteo. Abraham e Isaac viajaron a Gerar en tiempos distintos, pero ambos

El gobernador romano Félix escuchó la defensa de Pablo de las acusaciones de los líderes judíos (Hch 24.1-27; Véase p. 83).

encontraron un Abimelec y un Ficol residiendo allí. De ser estos nombres títulos, ello ayudaría a resolver esta curiosa situación. Véase Abimelec.

Figelo, uno que abandonó a Pablo en Asia (2 Ti 1.15).

Filemón, converso de Colosas a quien Pablo escribió una carta en favor de Onésimo, su siervo fugitivo (Flm 1,5-7).

Fileto, converso condenado por Pablo debido a su posición sobre la resurrección (2 Ti 2.17).

Filólogo, cristiano de Roma a quien Pablo envió saludos (Ro 16.15).

Finees. [1] Sumo sacerdote, hijo de Eleazar (Éx 6.25; Nm 25.6-18; 1 Cr 6.4; 9.20). [2] Hijo menor de Elí; fue un sacerdote que abusó de su posición (1 S 1.3; 2.22-24,34). [3] Padre de Eleazar (Esd 8.33).

Flegonte, cristiano de Roma (Ro 16.14).

Fortunato, cristiano de Corinto que alegró y confortó a Pablo en Éfeso (1 Co 16.17-18).

Fúa. [1] Segundo hijo de Isacar (Gn 46.13; Nm 26.23; 1 Cr 7.1). [2] Partera de las hebreas en Egipto (Éx 1.15). [3] Padre de Tola, juez de Israel (Jue 10.1).

Fura, criado de Gedeón (Jue 7.10-11).

Fut, hijo de Cam (Gn 10.6; 1 Cr 1.8). Posiblemente alude a un pueblo emparentado con los egipcios. Muchos consideran esto una referencia a un pueblo emparentado con los libios.

Futiel, suegro de Eleazar, hijo de Aaron (Éx 6.25).

G

Gaal, hijo de Eded. Intentó dirigir una rebelión contra Abimelec (Jue 9.26-41).

Gabai, jefe de la tribu de Benjamín tras el retorno del exilio (Neh 11.8).

Gad. [1] Séptimo hijo de Jacob y ascendiente de una de las doce tribus (Gn 30.11; 49.19). [2] Vidente al servicio de David que frecuentemente lo aconsejaba (1 S 22.5; 1 Cr 21.9-19).

Gadi. [1] Uno de los doce espías enviados por Moisés (Nm 13.11). [2] Padre de Manahem, rey de Israel (2 R 15.14,17).

Gadiel, uno de los doce espías enviados por Moisés (Nm 13.10).

Gaham, hijo de Nacor (Gn 22.24).

Gahar, padre de una familia que regresó del exilio con Zorobabel (Esd 2.47; Neh 7.49).

Galal. [1] Levita entre aquellos que regresaron de Babilonia (1 Cr 9.15). [2] Ascendiente de uno que regresó de Babilonia (1 Co 9.16; Neh 11.17).

Galión, procónsul romano de Acaya ante quien Pablo fue juzgado en Corinto (Hch 18.12-17).

Gamaliel. [1] Jefe de la tribu de Manasés (Nm 1.10; 2.20; 7.54,59; 10.23). [2] Miembro honorable del concilio de los judíos que persuadió a sus colegas a dejar libre al Apóstol (Hch 5.33-40; 22.3).

Gamul, jefe entre los levitas (1 Cr 24.17).

Gareb, uno de los treinta valientes de David (2 S 23.38; 1 Cr 11.40).

Gasmu. Véase Gesem.

Gatam, jefe edomita, nieto de Esaú (Gn 36.11,16; 1 Cr 1.36).

Gayo. [1] Uno a quien Juan le dirigió su tercera epístola (3 Jn 1). [2] Macedonio compañero de Pablo (Hch 19.29). [3] Cristiano de Derbe que acompañó al Apóstol hasta Asia (Hch 20.4). [4] Hospedador de Pablo cuando escribió a los romanos (Ro 16.23). [5] Converso que Pablo bautizó en Corinto (1 Co 1.14); algunos piensan que es la misma persona que [4].

Gazam, familia que regresó del exilio con Zorobabel (Esd 2.48; Neh 7.51).

Gazez, nombre de dos descendientes de Caleb (1 Cr 2.46).

Geber. [1] Padre de un oficial de Salomón (1 R 4.13). [2] Un oficial de Salomón (1 R 4.19).

Gedalías. [1] Gobernador de Judá bajo Nabucodonosor (2 R 25.22; Jer 40.5-6). [2] Músico en tiempo de David (1 Cr 25.3,9). [3] Sacerdote en tiempo de Esdras (Esd 10.18). [4] Príncipe en Jerusalén, enemigo de Jeremías (Jer 38.1). [**5**] Ascendiente del profeta Sofonías (Sof 1.1).

Gedeón, gran juez de Israel que liberó a su pueblo de Madián (Jue 6-8); se le dio el nombre de Jerobaal (véase también).

Gedeoni, descendiente de Benjamín (Nm 1.11; 2.22).

Gedor. [**1**] Ascendiente de Saúl (1 Cr 8.31). [**2**] Descendiente de Judá (1 Cr 4.4). [**3**] Descendiente de Judá (1 Cr 4.18).

Gemali, padre de Amiel (Nm 13.12).

Gemarías. [**1**] Uno que trató de impedir que Joacim quemara las profecías de Jeremías (Jer 36.10-11,12,25). [**2**] Mensajero del rey Sedequías a Babilonia (Jer 29.3).

Genubat, hijo de Hadad edomita (1 R 11.20).

Gera. [**1**] Hijo de Benjamín (Gn 46.21). [**2**] Hijo de Bela (1 Cr 8.3,5,7). [**3**] Padre de Aod, juez de Israel (Jue 3.15). [**4**] Padre o ascendiente de Simei (2 S 16.5; 19.16; 18; 1 R 2.8). [Nota: Todos estos pueden ser la misma persona].

Gersón. [**1**] Primogénito de Leví y la familia que formó su posteridad (Gn 46.11; Éx 6.16; 1 Cr 6.1). [**2**] Descendiente de Finees (Esd 8.2). [**3**] Primogénito de Moisés y Séfora (Éx 2.22; 18.3). [**4**] Padre de Jonatán, un levita del tiempo de los jueces (Jue 18.30).

Gesam, descendiente de Caleb (1 Cr 2.47).

Gesem, uno de los tres enemigos de Nehemías (Neh 2.19; 6.1-2).

Geter, hijo (o nieto) de Sem (Gn 10.23; 1 Cr 1.17). Posiblemente se alude a una familia aramea desconocida.

Geuel, hombre de la tribu de Gad, uno de los doce espías enviados a Canaán (Nm 13.15).

Gibar (=Gabaón), uno que retornó a Jerusalén con Zorobabel (Esd 2.20).

Gibea, descendiente de Caleb (1 Cr 2.49).

Gidalti, hijo de Hemán, músico en tiempo de David (1 Cr 25.4,29).

Gidel. [1] Padre de una familia de sirvientes del templo (Esd 2.47; Neh 7.49). [2] Padre de una familia de los hijos de los siervos de Salomón (Esd 2.56; Neh 7.58).

Giezi, siervo deshonesto de Eliseo (2 R 4.12-37; 5.20-27; 8.4).

Gilalai, músico en tiempo de Nehemías; tocó los instrumentos de David en la consagración de la muralla de Jerusalén bajo Esdras (Neh 12.36).

Gilead. [1] Hijo de Maquir (Nm 26.29-30). [2] Padre del juez Jefté (Jue 11.1-2). [3] Descendiente de Gad (1 Cr 5.14).

Ginat, padre de Tibni (1 R 16.21-22).

Ginatón. Véase Gineto.

Gineto, príncipe o sacerdote que firmó el nuevo pacto con Dios tras el exilio (Neh 10.6; 12.4,16).

Gispa, jefe de los sirvientes del templo (Neh 11.21).

Gog. [1] Descendiente de Rubén (1 Cr 5.4). [2] Príncipe de Mesec y Tubal (Ez 38.2; 39.1,11). En Apocalipsis 20.8 Gog parece haberse convertido en una nación al igual que Magog, pero se indica que el nombre debe entenderse simbólicamente. Véase también Magog.

Goliat. [1] Gigante filisteo que fue muerto por David (1 S 17.4-54). [2] Otro gigante, posiblemente el mismo que [1] (2 S 21.19).

Gomer. [1] Hijo mayor de Jafet (Gn 10.2-3; 1 Cr 1.5-6). Posiblemente un pueblo que habitaba al norte, probablemente los sumerios de la historia clásica. [2] La esposa inmoral de Oseas (Os 1.3; 3.1-4).

Guni. [1] Hijo de Neftalí que aparece en tres listas (Gn 46.24; Nm 26.48; 1 Cr 7.13). [2] Descendiente de Gad y padre de Abdiel (1 Cr 5.15).

Habacuc, profeta durante los reinados de Joacim y Josías (Hab 1.1; 3.1).

Habaía, ascendiente de una familia de sacerdotes (Esd 2.61; Neh 7.63).

Habasinías, ascendiente de los recabitas (Jer 35.3).

Hacalías, padre de Nehemías (Neh 1.1; 10.1).

Hacatán, padre de Johanán (Esd 8.12).

Hacmoni. [1] Padre de Jasobeam, valiente de David (1 Cr 11.11). [2] Padre de Jehiel, valiente de David (1 Cr 27.32).

Hacufa, padre de una familia de sirvientes del templo que regresaron de la cautividad (Esd 2.51; Neh 7.53).

Hadad. [1] Uno de los doce hijos de Ismael y nieto de Abraham (1 Cr 1.30). Se le llama Hadar debido a un error de copista o a una variante dialectal, en Génesis 25.15. [2] Rey de Edom que luchó contra Madián (Gn 36.35-36; 1 Cr 1.46). [3] Otro rey de Edom (1 Cr 1.50-51). Debido a un error de copista o a una variante dialectal se le llama Hadar en Génesis 36.39. [4] Miembro de la familia real de Edom que se opuso a la dominación de Israel en ese reino (1 R 11.14-22,25).

Hadad-ezer, rey de Soba, derrotado por David (2 S 8.3-12).

Hadar. Véase Hadad [1], [3].

Hadasa, nombre hebreo de la reina Ester (véase Ester).

Hadlai, padre de Amasa, un jefe de la tribu de Efraín (2 Cr 28.12).

Hagab, ascendiente de algunos de los cautivos que retornaron con Zorobabel (Esd 2.46). Véase Hagaba.

Hagaba, padre de una familia de sirvientes del templo que regresaron con Zorobabel (Esd 2.45; Neh 7.48). Véase Hagab.

Hageo, el primero de los profetas que se manifestó tras la cautividad babilónica (Esd 5.1; Hag 1.1,3,12).

Hagrai, padre de Mibhar, valiente de David (1 Cr 11.38).

Hagui, segundo hijo de Gad (Gn 46.16; Nm 26.15).

Haguía, levita, descendiente de Merari (1 Cr 6.30).

Haguit, esposa de David y madre de Adonías (2 S 3.4; 1 R 1.5,11).

Halohes. [1] Padre de uno que reparó la muralla (Neh 3.12). [2] Individuo o familia que firmó el nuevo pacto con Dios tras el exilio (Neh 10.24); algunos lo identifican con [1].

Ham, el hijo menor de Noé. A causa de su maldad, su hijo Canaán fue maldecido (Gn 5.32; 9.22-27).

Hamat, padre de Recab (1 Cr 2.55).

Hamedata, padre de Amán (Est 3.1,10; 8.5; 9.10,24).

Hamelec, miembro de la familia del rey Joacim (Jer 36.26; 38.6). Algunos piensan que no se trata de un nombre propio, sino de un título que significa «el rey».

Hamolequet, hermana de Galaad y ascendiente de varias familias de Manasés (1 Cr 7.18).

Hamor, padre de Siquem, quien trajo destrucción sobre sí mismo y su familia (Gn 33.19; 34.2-26).

Hamuel, descendiente de Simeón (1 Cr 4.26).

Hamul, hijo de Fares y nieto de Judá (Gn 46.12; Nm 26.21; 1 Cr 2.5).

Hamutal, una de las esposas del rey Josías (2 R 23.31; 24.18; Jer 52.1).

Hanameel, pariente del profeta Jeremías que le vendió un campo (Jer 32.6-9).

Hanán. [1] Descendiente de Benjamín (1 Cr 8.23). [2] Ascendiente del rey Saúl (1 Cr 8.38; 9.44). [3] Uno de los valientes de David (1 Cr 11.43).

[4] Padre de una familia de sirvientes del templo (Esd 2.46; Neh 7.49). [5] Levita que ayudó a Esdras en la lectura de la ley (Neh 8.7). [6] Nombre de tres firmantes del pacto de Nehemías (Neh 10.10,22,26). [7] Ayudante de los tesoreros del templo (Neh 13.13). [8] Padre de unos que tenían aposento en el templo (Jer 35.4).

Hanani. [1] Levita, cantor en tiempo del rey Asa (1 Cr 25.4,25). [2] Padre del profeta Jehú; enviado a prisión por Asa (1 R 16.1,7; 2 Cr 16.7-10). [3] Sacerdote que se casó con una mujer extranjera (Esd 10.20). [4] Hermano de Nehemías y gobernador de Jerusalén (Neh 1.2; 7.2). [5] Sacerdote y músico que ayudó a purificar el muro de Jerusalén (Neh 12.36). [6] Vidente en tiempo del rey Asa (2 Cr 16.7).

Hananías. [1] Hijo de Zorobabel (1 Cr 3.19,21). [2] Descendiente de Benjamín (1 Cr 8.24). [3] Cantor, descendiente de Henán (1 Cr 25.4,23). [4] Oficial del ejército del rey Uzías (2 Cr 26.11). [5] Uno de los que se casaron con mujeres extranjeras en tiempo de Esdras (Esd 10.28). [6] Nombre de dos varones que ayudaron en la restauración del muro de Jerusalén (Neh 3.8,30). [7] Gobernante en Jerusalén en tiempo de Nehemías (Neh 7.2). [8] Firmante del pacto de Nehemías (Neh 10.23). [9] Sacerdote en tiempo de Nehemías (Neh 12.12,41). [10] Un profeta que se opuso al profeta Jeremías (Jer 28). [11] Ascendiente de Irías (Jer 37.13).

Haniel. [1] Príncipe de la tribu de Manasés (Nm 34.23). [2] Guerrero de la tribu de Aser (1 Cr 7.39).

Hanoc. [1] Nieto de Abraham (Gn 25.4); se le llama Hanoc en 1 Crónicas 1.33. [2] Hijo mayor de Rubén (Gn 46.9; 1 Cr 5.3). [3] Enoc, el hijo de Jared (1 Cr 1.3).

Hanún. [1] Rey de Amón que involucró a los amonitas en una desastrosa guerra contra David (2 S 10.1-6). [2] Nombre de dos varones que ayudaron en la restauración del muro de Jerusalén (Neh 3.13,30).

Harán. [1] Hermano de Abraham que murió antes de su padre (Gn 11.26-31). [2] Descendiente de Leví (1 Cr 23.9). [3] Hijo de Caleb (1 Cr 2.46).

Harbona, eunuco que servía al rey Azuero (Esd 1.10; 7.9).

Haref, hijo de Caleb (1 Cr 2.51), que no se debe confundir con Harif (véase también).

Harhaía, padre de Uziel, uno de los constructores del muro de Jerusalén (Neh 3.8).

Harhas, Ascendiente de Salum, esposo de la profetiza Hulda (2 R 22.14; 2 Cr 34.22).

Harhur, ascendiente de una familia de sirvientes del templo (Esd 2.51; Neh 7.53).

Harif. [1] Ascendiente de algunos que regresaron del exilio con Zorobabel (Neh 7.24). [2] Firmante del pacto de Nehemías (Neh 10.19).

Harim. [1] Sacerdote encargado del tercer turno en el servicio del templo (1 Cr 24.8; Esd 2.39; 10.21; Neh 3.11). [2] Ascendiente de algunos que regresaron del exilio con Zorobabel (Esd 2.32; Neh 7.35). [3] Uno cuyos descendientes se casaron con mujeres extranjeras durante el exilio (Esd 10.31). [4] Uno que firmó el nuevo pacto con Dios tras el exilio (Neh 10.5). [5] Familia que firmó el nuevo pacto con Dios tras el exilio (Neh. 10.27). [6] Ascendiente de una familia, quizás el [4]. (Neh 12.15). [Nota: Varios de estos llamados Harim puede que sean la misma persona; existe mucha incertidumbre al respecto].

Harnefer, descendiente de Aser (1 Cr 7.36).

Haroe, descendiente de Judá (1 Cr 2.52); quizás Reaía (1 Cr 4.2).

Harsa, padre de una familia de sirvientes del templo que regresó del exilio con Zorobabel (Esd 2.52; Neh 7.54).

Harum, padre de una familia de Judá (1 Cr 4.8).

Harumaf, padre de Jeraías, uno de los que edificó la muralla (Neh 3.10).

Haruz, abuelo del rey Amón (2 R 21.19).

Hasabías. [1] Levita, descendiente de Merari (1 Cr 6.45). [2] Levita, ascendiente de Semaías (1 Cr 9.14; Neh 11.15). [3] Levita, cantor en el templo (1 Cr 25.3,19). [4] Hebronita, funcionario del rey David (1 Cr 26.30). [5] Jefe de los levitas bajo el rey David (1 Cr 27.17). [6] Jefe de los levitas bajo el rey Josías (2 Cr 35.9). [7] Levita que regresó del exilio con Esdras (Esd 8.19). [8] Sacerdote que regresó del exilio con Esdras (Esd 8.24). [9] Funcionario que ayudó en la restauración del muro de Jerusalén (Neh 3.17). [10] Firmante del pacto de Nehemías (Neh 10.11). [11] Levita en días de Nehemías (Neh 11.15). [12] Levita, descendiente de Asaf (Neh 11.22). [13] Sacerdote en tiempo de Joiacim (Neh 12.21). [14] Principal levita en tiempo de Nehemías (Neh 12.24). [Nota: Es muy probable que [9], [12] y [14] se refieran a la misma persona.]

Hasabna, firmante del pacto de Nehemías (Neh 10.25).

Hasabnías. [1] Padre de Hatús, el que ayudó a reconstruir la muralla de Jerusalén (Neh 3.10).

[2] Levita que ofició en el ayuno bajo Esdras y Nehemías cuando se firmó el pacto (Neh 9.5).

Hasadías, Hijo de Zorobabel (1 Cr 3.2-10).

Hasbadana, levita que ayudó a Esdras en la lectura de la ley (Neh 8.4).

Hasem, padre de varios de los valientes de David (1 Cr 11.34).

Hasub. [1] Padre de Semaías (1 Cr 9.14; Neh 11.15). [2] Nombre de dos varones que ayudaron en la restauración del muro de Jerusalén (Neh 3.11, 23). [3] Firmante del pacto de Nehemías (Neh 10.23).

Hasuba, hijo de Zorobabel (1 Cr 3.20).

Hasufa, padre de una familia de sirvientes del templo que regresó del exilio con Zorobabel (Esd 2.43; Neh 7.46).

Hasum. [1] Padre de una familia que regresó del exilio (Esd 2.19; 10.33; Neh 7.22). [2] Levita que ayudó a Esdras en la lectura de la ley (Neh 8.4). [3] Firmante del pacto de Nehemías (Neh 10.18).

Hatac, eunuco del rey Azuero (Est 4.5-10).

Hatat, hijo de Otoniel (1 Cr 4.13).

Hatifa, Padre de una familia de sirvientes del templo que regresó del exilio con Zorobabel (Esd 2.54; Neh 7.56).

Hatil, padre de una familia de siervos de Salomón

que regresó del exilio con Zorobabel (Esd 2.57; 7.59).

Hatita, portero del templo cuyos descendientes regresaron de la cautividad babilónica (Esd 2.42; Neh 7.45).

Hatús. [1] Descendiente de David (1 Cr 3.22; Esd 8.2). [2] Varón que ayudó en la restauración del muro de Jerusalén (Neh 3.10). [3] Firmante del pacto de Nehemías (Neh 10.4). [4] Sacerdote que regresó del exilio con Zorobabel (Neh 12.2).

Havila. [1] Hijo de Cus (Gn 10.7; 1 Cr 1.9). [2] Descendiente de Sem en dos genealogías (Gn 10.29; 1 Cr 1.23). Posiblemente se alude una tribu de árabes que habitaba el centro o el sur de Arabia.

Hazael, victimario de Ben-adad II que usurpó el trono de Siria (1 R 19.15, 17; 2 R 8.8-29).

Hazaías, ascendiente de Maasías (Neh 11.5).

Hazar-mavet, tercer hijo de Joctán (Gn 10.26; 1 Cr 1.20). Posiblemente el nombre alude al pueblo que habitaba en la península de Arabia.

Haze-lelponi, hermana de Jezreel, Isma e Ibdas (1 Cr 4.3).

Haziel, levita, descendiente de Gersón (1 Cr 23.9).

Hazo, hijo de Nacor y sobrino de Abraham (Gn 22.22).

Heber. [1] Hijo de Sala (Sela), biznieto de Sem y ascendiente de Cristo (Gn 10.21,24-25; 11,14-17; 1 Cr 1.18,19,25; Lc 3.35). [2] Hijo de Bería y nieto de Aser (Gn 46.17; Nm 26.45; 1 Cr 7.31-32). [3] Voz poética que significa la posteridad de Sem (Nm 24.24). [4] Ceneo, marido de Jael y victimario de Sísara (Jue 4.11,17,21; 5.24). [5] Descendiente de Judá (1 Cr 4.18). [6] Descendiente de Gad (1 Cr 5.13). [7] Nombre de tres descendientes de Benjamín (1 Cr 8.12,17,22).

Hebrón. [1] Hijo de Coat (Éx 6.18; Nm 3.19; 1 Cr 6.2,18). [2] Descendiente de Caleb (1 Cr 2.42-43).

Hedodías, nieta de Herodes el Grande, mujer de Antipas, y principal culpable de la muerte de Juan del Bautista (Mt 14.3-9; Lc 3.19).

Hefer. [1] Descendiente de Galaad y padre de Zelofehad (Nm 26.32-33; 27.1; Jos 17.2,3). [2] Descendiente de Judá (1 Cr 4.6). [3] Uno de los valientes de David (1 Cr 11.36).

Hegai, eunuco del rey Azuero (Est 2.3,8,15).

Hela, mujer de Asur (1 Cr 4.5,7).

Helcai, sacerdote en tiempo de Joiacim (Neh 12.15).

Heldai. [1] Funcionario del rey David (=Heled) (1 Cr 27.15). [2] Uno de los que volvió del cautiverio y se le rindieron honores especiales (Zac 6.10), llamado Helem en el versículo 14.

Heleb, uno de los 30 valientes de David (=Heldai [1] y Heled) (2 S 23.29).

Helec, descendiente de Manasés (Nm 26.30; Jos 17.2).

Heled, uno de los treinta valientes de David (=Heldau [1] y Heled), (1 Cr 11.30).

Helem. [1] Descendiente de Aser (1 Cr 7.35). [2] =Heled y Heldai [2] (Zac 6.14).

Heles. [1] Uno de los valientes de David (2 S 23.26; 1 Cr 11.27; 27.10). [2] Descendiente de Judá (1 Cr 2.39).

Helón, padre de Eliab, jefe de Zabulón (Nm 1.9; 2.7; 7.24; 10.16).

Hemam, horeo, hijo de Lotán (=Homam) (Gn 36.22).

Hemán. [1] Hijo de Zera (1 R 4.31; 1 Cr 2.6) notable por su sabiduría. Compuso un salmo meditativo (Sal 88, título). [2] Jefe de los cantores en el templo (1 Cr 6.33; 15.17; 2 Cr 5.12; 35.15).

Hemdán (=Amram), horeo, hijo de Disón (Gn 36.26).

Hen, hijo de Sofonías (Zac 6.14), probablemente idéntico al Josías del versículo 10).

Henadad, padre de una familia de sacerdotes (Esd 3.9; Neh 3.24; 10.9).

Hepsiba, madre del rey Manasés (2 R 21.1).

Heres, levita que regresó del exilio (1 Cr 9.15).

Hermas, cristiano al que Pablo saludó (Ro 16.14).

Hermes, cristiano griego residente en Roma a quien Pablo envió saludos (Ro 16.14).

Hermógenes, uno que abandonó a Pablo (2 Ti 1.15).

Herodes. [1] Herodes el Grande, taimado rey de Judea cuando Jesús nació. A fin de mantenerse en el poder, asesinó a los niños de Belén, pensando que así mataría al Mesías (Mt 2.1-22; Lc 1.5). [2] Herodes Antipas, hijo del anterior, fue tetrarca de Galilea y Perea y victimario de Juan el Bautista (Mt 14.1-10; Lc 13.31-32; 23.7-12). [3] Herodes Felipe, hijo de Herodes el Grande y tetrarca de Iturea y Traconite (Lc 3.1). [4] Herodes Felipe, otro hijo de Herodes el Grande; es el Felipe cuya mujer Herodes Antipas sedujo (Mt 14.3). [5] Herodes Agripa I, tetrarca de Galilea y eventual heredero del reino de su abuelo (Herodes el Grande). Fue un cruel perseguidor de cristianos (Hch 12.1-23). [6] Herodes Agripa II, hijo de Agripa I y rey de varios dominios, fue testigo de la predicación de Pablo (Hch 25.13-26; 26.1-32).

Herodión, cristiano que Pablo saludó (Ro 16.11).

Hesed, padre de un funcionario de Salomón (1 R 4.10). No confundir con Jusab-jesed (véase también).

Het, hijo de Canán y nieto de Cam. Posible referencia a los heteos (Gn 10.15; 1 Cr 1.13).

Hezequiel, sacerdote en tiempo de David (1 Cr 24.16).

Hezión, abuelo de Ben-adad, rey de Siria (1 R 15.18). Muchos especialistas lo identifican con Rezón (véase también).

Hezir. [1] Sacerdote en tiempo de David (1 Cr 24.15). [2] Firmante del pacto de Nehemías (Neh 10.20).

Hezrai, [Hezro] uno de los treinta valientes de David (2 S 23.25; 1 Cr 11.37).

Hezrón. [1] Hijo de Rubén (Gn 46.9; Éx 6.14). [2] Hijo de Farez, nieto de Judá y ascendiente de Cristo (Gn 46.12; 1 Cr 2.5,9,18,21,24-25; Mt 1.3; Lc 3.33).

Hidai, uno de los 30 valientes de David (2 S 23.30).

Hiel, varón de Bet-el que reedificó a Jericó (1 R 16.34).

Hilcías. [1] Padre de Eliaquim (2 R 18.18,26,37; Is 22.20; 36.3,22). [2] Sumo sacerdote que en tiempo del rey Josías descubrió el libro de la ley (2 R 22.4,8; 23.4). [3] Levita, descendiente de Merari (1 Cr 6.45). [4] Levita en tiempo del rey David (1 Cr 26.11). [5] Uno que ayudó a Esdras en la lectura de la ley (Neh 8.4). [6] Padre de Seraías (Neh 11.11). [7] Sacerdote que regresó del exilio con Zorobabel (Neh 12.7). [8] Sacerdote en tiempo de Joiacim (Neh 12.21). [9] Padre del profeta Jeremías (Jer 1.1). [10] Padre de Gemarías (Jer 29.3).

Hilel, padre de Abdón, juez de Israel (Jue 12.13,15).

Himeneo, cristiano de la iglesia primitiva que cayó en apostasía y error (1 Ti 1.20; 2 Ti 2.17).

Hinom. Persona desconocida que tuvo un hijo cuyo nombre se le dio a un valle cercano a Jerusalén. En tiempos de Jeremías allí se llevaron a cabo sacrificios humanos, y posteriormente el maldito lugar sirvió de basurero (Jos 15.8; 18.16; Neh 11.30; Jer 7.31-32).

Hir, descendiente de Benjamín (1 Cr 7.12); posiblemente el mismo que Iri (v.7).

Hira, amigo de Judá (Gn 38.1,12).

Hiram. [1] Rey de Tiro en tiempo de David y Salomón (2 S 5.11; 1 R 5; 9.11; 10.11). [2] Arquitecto del templo de Salomón (1 R 7.13,40,45; 2 Cr 4.11,16). [3] Descendiente de Benjamín (1 Cr 8.5).

Hizqui, descendiente de Benjamín (1 Cr 8.17).

Hobab, Suegro (o cuñado) de Moisés (Nm 10.29; Jue 4.11).

Hod, descendiente de Aser (1 Cr 7.37).

Hodavías. [1] Descendiente del rey David (1 Cr 3.24). [2] Jefe de la tribu de Manasés (1 Cr 5.24). [3] Descendiente de Benjamín (1 Cr 9.7). [4] Padre de un familia de levitas que regresaron del exilio con Zorobabel (Esd 2.40; Neh 7.43).

Hodes, mujer de Saharaim (1 Cr 8.9).

Hodías. [1] Descendiente de Benjamín (1 Cr 4.19). [2] Levita que ayudó a Esdras a la lectura de la ley (Neh 8.7; 9.5). [3] Nombre de tres firmantes del pacto de Nehemías (Neh 10.10,13,18).

Hogla, segunda hija de Zelofehad (Nm 26.33; 27.1; 36.11; Jos 17.3).

Hoham, rey amorreo de Hebrón (Jos 10.3).

Homam, hijo de Lotán horeo (1 Cr 1.39).

Horam, rey de Gezer derrotado por Josué (Jos 10.33).

Hori. [1] Hijo de Lotán horeo (Gn 36.22; 1 Cr 1.39). [2] Padre de Safat (Nm 13.5).

Hosa, levita, padre de una familia de porteros del templo (1 Cr 16.38; 26.10-11,16).

Hosama, hijo del rey Jeconías (1 Cr 3.18).

Hotam. [1] Descendiente de Aser (1 Cr 7.32). [2] Padre de Sama y Jehiel, valientes de David (1 Cr 11.44).

Hotir, cantor, hijo de Hemán (1 Cr 25.4,28).

Hufam, hijo de Benjamín (Nm 26.39). En Génesis 46.21 y 1 Crónicas 7.12 se le llama Hupim.

Hul, hijo o nieto de Sem (Gn 10.23; 1 Cr 1.17).

Hulda, profetiza en tiempo de Josías (2 R 22.14; 2 Cr 34.22).

Hupa, sacerdote en tiempo de David (1 Cr 24.13).

Hupim, hijo de Benjamín (Gn 46.21; 1 Cr 7.12,15). Véase Hufam.

Hur. [1] Ayudante de Moisés (Éx 17.10,12; 24.14). [2] Hijo de Caleb (Éx 31.2; 35.30; 38.22; 1 Cr 2.19-20; 2 Cr 1.5). [3] Rey de Madián (Nm 31.8; Jos 13.21). [4] Padre de un funcionario del rey Salomón (1 R 4.8). [5] Primogénito de Efrata (1 Cr 2.50; 4.4). [6] Hijo de Judá (1 Cr 4.1). [7] Padre de Refaías (Neh 3.9).

Hurai, uno de los valientes de David (1 Cr 11.32).

Huri, descendiente de Gad (1 Cr 5.14).

Husa, descendientes de Judá (1 Cr 4.4).

Husai, amigo y consejero del rey David (2 S 15.32,37; 16.16-18; 17.5-15).

Husam, descendiente de Esaú que se convirtió en
rey de Edom (Gn 36.34-35; 1 Cr 1.45-46).

Husim. [1] Hijo de Dan (Gn 46.23). [2] Descendiente de Benjamín (1 Cr 7.12). [3] Mujer de
Sarahaim (1 Cr 8.8,11).

Ibdas, descendiente de Judá (1 Cr 4.3).

Ibhar, uno de los hijos de David nacido en Jerusalén (2 S 5.15; 1 Cr 3.6).

Ibneías, ascendiente de Mesulam (1 Cr 9.8).

Ibri, descendiente de Merari en tiempo de David (1 Cr 24.27).

Ibzán, betlemita que juzgó a Israel durante siete años (Jue 12.8-10).

Icabod, hijo de Finees, nacido después de la muerte de su padre y después de haber sido recuperada el arca (1 S 4.19-22).

Iddo. [1] Padre de Ahinadab (1 R 4.14). [2] Levita, descendiente de Gersón (1 Cr 6.21). [3] Funcionario del rey David (1 Cr 27.21). [4] Vidente (2 Cr 9.29; 12.15; 13.22). [5] Abuelo del profeta Zacarías (Esd 5.1; 6.14; Zac 1.1, 7). [6] Jefe de un grupo de sirvientes del templo (Esd 8.17). [7] Sacerdote que regresó del exilio (Neh 12.4). [8] Sacerdote en tiempo de Joiacim (Neh 12.16).

Ifdaías, descendiente de Benjamín (1 Cr 8.25).

Igal. [1] Uno de los doce espías enviado a Canaán (Nm 13.7). [2] Uno de los valientes de David (2 S 23.36). [3] Descendiente del rey David (1 Cr 3.22).

Igdalías, padre de Hanán (Jer 35.4).

Ilai, uno de los treinta valientes de David (1 Cr 11.29).

Imer. [1] Sacerdote contemporáneo de David (1 Cr 9.24; 24.14; Esd 2.37; 10.20; Neh 7.40; 11.13). [2] Sacerdote del tiempo de Jeremías (Jer 20.1). [3] Padre de Sadoc (Neh 3.29).

Imla, padre del profeta Micaías (1 R 22.8-9; 2 Cr 18.7-8).

Imna. [1] Primogénito de Aser (Gn 46.17; Nm 26.44; 1 Cr 7.30). [2] Descendiente de Aser (1 Cr 7.35). [3] Padre de Coré (2 Cr 31.14).

Imra, descendiente de Aser (1 Cr 7.36).

Imri. [1] Descendiente de Judá y ascendiente de Utai (1 Cr 9.4). [2] Padre de Zacur, uno de los asistentes de Nehemías (Neh 3.2).

Iques, padre de Ira, uno de los valientes de David (2 S 23.26; 1 Cr 11.28; 27.9).

Ira. [1] Sacerdote del rey David (2 S 20.26). [2] Uno de los valientes de David (1 Cr 11.28; 2 S 23.38) y capitán de la guardia del templo (1 Cr 27.9). [3] Otro de los 30 valientes de David (2 S 23.38; 1 Cr 11.40).

Irad, hijo de Enoc y nieto de Caín (Gn 4.18).

Iram, jefe de Edom (Gn 36.43; 1 Cr 1.54).

Iri, descendiente de Benjamín (1 Cr 7.7); posiblemente el mismo que Ir (v.12).

Irías, capitán que prendió al profeta Jeremías (Jer 37.13-14).

Iru, hijo de Caleb (1 Cr 4.15).

Isaac, hijo de Abraham y Sara, nacido en su ancianidad. Fue padre de Jacob y Esaú y ascendiente de Cristo (Gn 21-25; Mt 1.2).

Isacar. [1] Noveno hijo de Jacob y la tribu que formó su posteridad (Gn 30.17-18; 49.14-15). Levita, portero en tiempo de David (1 Cr 26.5).

Isaí. [1] Padre de David y ascendiente de Cristo (Rut 4.17,22; 1 S 17.17; Mt 1.5-6).

Isaías. El profeta Isaías vivió 750 años antes de Cristo, pero sus predicciones sobre el Mesías —un libertador que salvaría a Israel— se leen como si hubiera sido un contemporáneo de Jesús. «Mas él herido fue por nuestras rebeliones … Por cárcel y por juicio fue quitado» (Is 53.5,8).

Isaías fue un educado miembro de la nobleza que vivía en Jerusalén cuando, a la edad de veinte años, tuvo una visión sobrenatural. Dios lo llamó a convertirse en un profeta que llevaría mensajes de esperanza y advertencia al pueblo judío; un ministerio que Isaías desempeñó durante cuarenta años. Su estilo de predicación, preservado en el libro que lleva

En una visión sobrecogedora, Dios llamó a Isaías a ser su profeta (Is 6.1-3).

su nombre, era dramático y a menudo simbólico. Hasta estuvo anunciando desnudo durante tres años que los egipcios se convertirían en esclavos. Esto alentó a los judíos a confiar en Dios antes que en alianzas con Egipto dirigidas contra Siria.

En el transcurso de la vida de Isaías, Asiria aplastó a la norteña nación judía de Israel. Isaías advirtió a su nativa Judá, en el sur, que le aguardaba un destino similar. Pero también ofreció esperanza, prometiendo que Dios un día enviaría un Mesías; promesa que el Nuevo Testamento dice que se cumplió en Jesús.

Isba, descendiente de Judá (1 Cr 4.17).

Isbac, hijo de Abraham y Cetura (Gn 25.2; 1 Cr 1.32).

Isbi-benob, gigante filisteo que atacó a David pero Abisai lo mató (2 S 21.15-22).

Is-boset, hijo y sucesor del rey Saúl. Reinó dos años antes de ser derrotado por David (2 S 2.8-15; 3.8,14-15; 4.5-12). También se le conocía como Es-baal (1 Cr 8.33; 9.39).

Isca, hija de Harán y hermana de Milca y sobrina de Abraham (Gn 11.29).

Iscariote, sobrenombre de Judas el traidor.

Isi . [1] Nombre de dos descendientes de Judá (1 Cr 2.31; 4.20). [2] Descendiente de Simeón (1 Cr 4.42). [3] Jefe de la tribu de Manasés (1 Cr 5.24).

Isías. [1] Descendiente de Isacar (1 Cr 7.3). [2] Uno de los valientes de David (1 Cr 12.6). [3] Nombre de tres levitas contemporáneos de David (1 Cr 23.20; 24.21,25). [4] Uno de los que se casaron con mujeres extranjeras en tiempo de Esdras (Esd 10.31).

Isma, hermano de Jezreel e Ibdas, todos descendientes de Caleb (1 Cr 4.3).

Ismael. [1] Hijo de Abraham y Agar; los árabes nómadas son sus descendientes (Gn 16.11-16; 17.18-26; 25.9-17; 28.9; 36.3). [2] Judío que se rebeló y mató al gobernador Gedalías (Jer 40.8—41.18). [3] Descendiente del rey Saúl (1 Cr 8.38; 9.44). [4] Padre de Zebadías (2 Cr 19.11). [5] Oficial del ejército, aliado con el sacerdote Joiada (2 Cr 23.1). [6] Uno de los que se casaron con mujeres extranjeras en tiempo de Esdras (Esd 10.22).

Ismaías. [1] Uno de los 30 valientes de David (1 Cr 12.4). [2] Oficial de Zabulón bajo David (1 Cr 27.19).

Ismaquías, mayordomo del templo bajo el rey Ezequías (2 Cr 31.13).

Ismerai, descendiente de Benjamín (1 Cr 8.18).

Isod, descendiente de Manasés (1 Cr 7.18).

Ispa, descendiente de Benjamín (1 Cr 8.16).

Ispán, descendiente de Benjamín (1 Cr 8.22).

Israel. Véase Jacob.

Israhías, descendiente de Isacar (1 Cr 7.3).

Isúa, segundo hijo de Aser (Gn 46.17; 1 Cr 7.30).

Isúi. [1] Tercer hijo de Aser (Gn 46.17; Nm 26.44; 1 Cr 7.30). [2] Hijo del rey Saúl con Ahinoam

(1 S 14.49). Algunos creen que se trata de Is-boset.

Itai. [1] Filisteo, amigo fiel de David (2 S 15.11-22; 18.2,4,12). [2] Uno de los treinta valientes de David (1 Cr 11.31; 2 S 23.29).

Itamar, cuarto hijo de Aarón (Éx 6.23; 28.1); Elí fue sumo sacerdote de su línea (1 Cr 24.6).

Itiel. [1] Ascendiente de Salú (Neh 11.7). [2] Una de dos personas a las cuales dirigió Agar su profecía (Pr 30.1). Algunos especialistas creen que estos no son nombres propios, sino verbos. Si ello fuera así, la última parte de Proverbios 30.1 se leería: «me he cansado, oh Dios; me he cansado y agotado».

Itma, moabita, uno de los valientes de David (1 Cr 11.46).

Itra, padre de Amasa, capitán de Absalón (2 S 17.25). También se le conocía como Jeter (1 R 2.5,32).

Itrán. [1] Hijo de Disón (Gn 36.26; 1 Cr 1.41). [2] Descendiente de Aser (1 Cr 7.37).

Izhar, hijo de Coat y padre de Coré (Éx 6.18-21; Nm 3.19).

Izrahías, director de cantores en la purificación del templo (Neh 12.42).

Izri, músico en el templo (1 Cr 25.11); quizás el mismo que Zeri (v.3).

Jaacán, hijo de Ezer, jefe edomita (Dt 10.6; 1 Cr 1.42). En Génesis 36.27 se le llama Acán. Muchos especialistas creen que la referencia en el pasaje de Deuteronomio es a una ciudad (Beerot-bene-jaacán).

Jaacoba, príncipe de la tribu de Simeón (1 Cr 4.36).

Jaala, padre de una familia de siervos de Salomón (Esd 2.56; Neh 7.58).

Jaalam, hijo de Esaú (Gn 36.5,14,18; 1 Cr 1.35).

Jaanai, descendiente de Gad (1 Cr 5.12).

Jaare-oregim, padre de Elhanán, victimario de Goliat geteo (2 S 21.19). Algunos sugieren que se trata de un error de copista, quien habría repetido por equivocación «oregim» («tejedores»), la última palabra del versículo, en lugar de escribir Jair. Véase 1 Cr 20.5.

Jaasai, uno de los que se casaron con mujeres extranjeras en tiempo de Esdras (Esd 10.37).

Jaasiel. [1] Uno de los 30 valientes de David (1 Cr 11.47). [2] Hijo de Abner y oficial de David (1 Cr 27.21).

Jaazanías. [1] Uno de los que quedó en Judá con Gedalías después de la derrota de Jerusalén (2 R 25.23). [2] Recabita que rehusó tomar vino (Jer 35.3). [3] Hijo de Safán, anciano idólatra en una visión de Ezequiel (Ez 8.11). [4] Hijo de Azur, anciano en otra visión de Ezequiel (Ez 11.1).

Jaazías, levita, descendiente de Merari (1 Cr 24.26,27).

Jaaziel, músico del templo en tiempo de David (1 Cr 15.18). Se le llama Aziel en el versículo 20.

Jabal, primogénito del nómada Lamec y Ada (Gn 4.20).

Jabes. [1] Padre del rey Salum, quien mató a Zacarías y reinó en su lugar (2 R 15.10-14). [2] Descendiente de Judá (1 Cr 4.9-10).

Jabín. [1] Rey de Hazor derrotado por Josué (Jos 11.1). [2] Otro rey de Hazor que oprimió a Israel y fue derrotado por Débora (Jue 4).

Jacán, descendiente de Gad (1 Cr 5.13).

Jacob. [1] Hijo de Isaac, hermano de Esaú y ascendiente de Cristo. Jacob compró el derecho de primogenitura de Esaú y se convirtió en el padre de la nación judía (Gn 25—50; Mt 1.2). Dios cambió su nombre y lo llamó Israel (Gn 32.28; 35.10). [2] Padre de José, el esposo de María (Mt 1.15-16).

Jacobo. [1] Hijo de Zebedeo y hermano de Juan llamado a formar parte del grupo de los apóstoles. Fue asesinado por Herodes Agripa I (Mt

4.21; Mr 5.37; Lc 9.54; Hch 12.2). [2] Hijo de Alfeo, otro de los doce apóstoles. Probablemente se trata de Jacobo «el menor», hijo de María. Por «el menor» se alude a la edad o al tamaño en comparación con Jacobo hijo de Zebedeo (Mt 10.3; Mr 15.40; Hch 1.13). [3] Hermano de Jesús (Mt 13.55). Se convirtió en creyente tras la muerte de Cristo (1 Co 15.7) y en líder de la iglesia de Jerusalén (Hch 12.7; Gá 1.19; 2.9). Escribió la epístola de Santiago (o Jacobo). [4] Hermano de Judas (Lc 6.16; Hch 1.13).

Jada, descendiente de Judá (1 Cr 2.28,32).

Jadau, unos de los que se casaron con mujeres extranjeras en tiempo de Esdras (Esd 10.43).

Jadón, uno que ayudó a la reparación del muro de Jerusalén (Neh 3.7).

Jadúa. [1] Firmante del pacto de Nehemías (Neh 10.21). [2] Sumo sacerdote, último mencionado en el Antiguo Testamento (Neh 12.11,22).

Jael, mujer de Heber ceneo, quien mató a Sísara (Jue 4.17-22; 5.6,24).

Jafet, segundo hijo de Noé, considerado padre de los pueblos indoeuropeos (Gn 5.32; 6.10; 7.13; 9.18; 23,27; 1 Cr 1.4-5).

Jafía. [1] Rey de Laquis (Jos 10.3). [2] Hijo de David (2 S 5.15; 1 Cr 3.7; 14.6).

Jaflet, descendiente de Aser (1 Cr 7.32-33).

Jahat. [1] Descendiente de Judá (1 Cr 4.2). [2] Levita, descendiente de Gersón (1 Cr 6.30,43). [3] Levita, otro descendiente de Gersón (1 Cr 23.10, 11). [4] Levita, descendiente de Izhar (1 Cr 24.22). [5] Funcionario del rey Josías (2 Cr 34.12).

Jahazías, uno que se opuso a Esdras (Esd 10.15).

Jahaziel. [1] Guerrero que se unió a David en Siclag (1 Cr 12.4). [2] Sacerdote contemporáneo de David (1 Cr 16.6). [3] Levita contemporáneo de David (1 Cr 23.19; 24.23). [4] Levita contemporáneo del rey Josafat (2 Cr 20.14). [5] Padre de Secanías (Esd 8.5).

Jahdai, descendiente de Judá y miembro de la familia de Caleb, el espía (1 Cr 2.47).

Jahdiel, jefe de Manasés al este del Jordán (1 Cr 5.24).

Jahdo, descendiente de Gad (1 Cr 5.14).

Jahleel, tercer hijo de Zabulón (Gn 46.14; Nm 26.26).

Jahmai, descendiente de Isacar (1 Cr 7.2).

Jahzeel, hijo de Neftalí que aparece tres veces en al Antiguo Testamento (Gn 46.24; Nm 26.48; 1 Cr 7.13).

Jair. [1] Descendiente de Judá por parte de padre y de Manasés por parte de madre (Nm 32.41;

Dt 3.14; 1 R 4.13; 1 Cr 2.22). [**2**] Juez de Israel durante veintitrés años (Jue 10.3-5). [**3**] Padre de Elhanán (1 Cr 20.5). [**4**] Ascendiente de Mardoqueo, primo de Ester (Est 2.5). Véase Jaare-oregim.

Jairo, Principal de una sinagoga de Galilea cuya hija fue levantada de los muertos por Jesús (Lc 8.41).

Jalón, descendiente de Caleb, el espía (1 Cr 4.17).

Jambres, uno de los magos egipcios que se opusieron a Moisés (Éx 7.9-13; 2 Ti 3.8; véase Éx 8.7; 9.11).

Jamín. [1] Hijo de Simeón (Gn 46.10; Éx 6.15; Nm 26.12; 1 Cr 4.24). [**2**] Descendiente de Jarameel (1 Cr 2.27). [**3**] Levita que ayudó a Esdras en la lectura de la ley (Neh 8.7).

Jamlec, descendiente de Simeón (1 Cr 4.34).

Jana, ascendiente de Jesucristo (Lc 3.24).

Janes, mago egipcio que se opuso a Moisés (2 Ti 3.8-9; véase Éx 7.9-13).

Jaqué, padre del sabio Agur (Pr 30.1).

Jaquim. [1] Descendiente de Benjamín (1 Cr 8.19). [**2**] Sacerdote descendiente de Aarón (1 Cr 24.12).

Jaquín. [1] Hijo de Simeón (Gn 46.10; Éx 6.15; Nm 26.12). Se le llama Jarib en 1 Crónicas 4.24. [**2**] Sacerdote en Jerusalén tras la cautividad babilónica (1 Cr 9.10; Neh 11.10). [3] Descendiente de Aarón (1 Cr 24.17).

Jara, descendiente del rey Saúl (1 Cr 9.42). Se le llama Joada en 1 Crónicas 8.36.

Jarah, siervo egipcio que se casó con la hija de su amo (1 Cr 2.34-35).

Jareb, rey de Asiria (Os 5.13; 10.6); seguramente un apodo.

Jared, hijo de Mahalaleel, padre de Enoc y ascendiente de Cristo (Gn 5.15-20; 1 Cr 1.2; Lc 3.37).

Jarib. [1] Hijo de Simeón (1 Cr 4.24). [2] Un enviado de Esdras (Esd 8.16). [3] Uno de los que se casaron con mujeres extranjeras en tiempo de Esdras (Esd 10.18).

Jaroa, descendiente de Gad (1 Cr 5.14).

Jasén, uno de los treinta valientes de David (2 S 23.32).

Jaser, «el justo», uno que escribió un libro ahora perdido (Jos 10.13; 2 S 1.18).

Jasobeam. [1] El primero de los tres valientes de David (=Joseb-basebet) (1 Cr 11.11; 27.2). [2] Guerrero que se unió a David en Siclag (1 Cr 12.6).

Jasón. [1] Cristiano que acogió a Pablo durante su estancia en Tesalónica (Hch 17.5-9). [2] Pariente de Pablo que envió saludos a los romanos (Ro 16.21). Puede que ambos sean la misma persona.

Jasub. [1] Uno de los que se casaron con mujeres extranjeras en tiempo de Esdras (Esd 10.29). [2] Véase Job [2].

Jatniel, levita, portero del templo (1 Cr 26.2).

Javán, cuarto hijo de Jafet (Gn 10.2,4; 1 Cr 1.5,7). El nombre se corresponde etimológicamente con Ionia y puede denotar a los griegos (véase Is 66.19).

Jazera, ascendiente de Masai, sacerdote de la familia de Imer, cuyos descendientes habitaron en Jerusalén (1 Cr 9.12). Quizás otro nombre de Azai (véase también).

Jaziz, funcionario del rey David (1 Cr 27.31).

Jeatrai, levita, descendiente de Gersón (1 Cr 6.21).

Jeberequías, padre de Zacarías, a quien Isaías tomó como testigo (Is 8.2).

Jecamán, hijo de Hebrón (1 Cr 23.19; 24.23).

Jecamías. [1] Descendiente de Jerameel (1 Cr 2.41). [2] Hijo del rey Jeconías (1 Cr 3.18).

Jecolías, madre del rey Uzías (2 R 15.2; 2 Cr 26.3).

Jeconías, rey de Judá. Véase Joaquín.

Jecutiel, descendiente del espía Caleb (1 Cr 4.18).

Jedaía, padre de una familia de sacerdotes (=Jedaías No. 2). (Neh 7.39).

Jedaías. [1] Descendiente de Simeón (1 Cr 4.37). [2] Padre de una familia de sacerdotes (=Jedaía) (1 Cr 9.10; 24.7; Esd 2.36). [3] Uno que ayudó en la restauración del muro de Jerusalén (Neh 3.10). [4] Sacerdote que regresó del exilio (Neh 11.10; 12.6,19; Zac 6.10,14).

Jediael. [1] Descendiente de Benjamín (1 Cr 7.6,10-11). [2] Uno de los valientes de David (1 Cr 11.45). [3] Levita, portero del templo (1 Cr 26.2).

Jediaiel, guerrero que se unió a David en Siclag (1 Cr 12.20).

Jedida, madre del rey Josías (2 R 22.1).

Jedidías, nombre que le dio Dios a Salomón a través de Natán (2 S 12.25).

Jedutún. [1] Levita cantor en tiempo de David (1 Cr 9.16; 25.1-6; Neh 11.17). También se le llamó Etán (1 Cr 6.44; 15.17,19). [2] Padre de Obed-edom (1 Cr 16.38). Algunos piensan que se trata de la misma persona que [1].

Jefone. [1] Descendiente de Judá y padre el espía Caleb (Nm 13.6; 14.6; Dt 1.36). [2] Cabeza de familia en la tribu de Aser (1 Cr 7.38).

Jefté, juez de Israel que liberó a su pueblo de Amón (Jue 11-12.7).

Jehalelel. [1] Descendiente de Judá a través de Caleb, el espía (1 Cr 4.16). [2] Levita, descendiente de Merari en tiempo de Ezequías (2 Cr 29.12).

Jehedías. [1] Levita contemporáneo de David (1 Cr 24.20). [2] Funcionario del rey David (1 Cr 27.30).

Jehías, Levita, portero del templo (1 Cr 15.24). También se le llamaba Jeiel (1 Cr 15.18; 2 Cr 20.14).

Jehiel. [1] Ascendiente del rey Saúl (1 Cr 9.35). [2] Uno de los valientes de David (1 Cr 11.44). [3] Levita, músico en tiempo de David (1 Cr 15.18,20; 16.5). [4] Levita, tesorero del templo (=Jehieli) (1 Cr 23.8; 29.8). [5] Instructor de los hijos de David (1 Cr 27.32). [6] Hijo del rey Josafat (2 Cr 21.2). [7] Levita en tiempo del rey Ezequías (2 Cr 29.14; 31.13). [8] Oficial del templo bajo el rey Josías (2 Cr 35.8). [9] Padre de Obadías (Esd 8.9). [10] Padre de Secanías (Esd 10.2). [11] Nombre de dos varones que se casaron con mujeres extranjeras en tiempo de Esdras (Esd 10.21,26).

Jehieli, (Jehiel No. 4) (1 Cr 26.22).

Jehú. [1] Profeta que trajo las noticias del desastre que se aproximaba a Baasa rey de Israel (1 R 16.1-12; 2 Cr 19.2). [2] Décimo rey de Israel

(1 R 19.16-17; 2 R 9-10). Su corrupto reinado debilitó la nación [**3**] Descendiente de Judá (1 Cr 2.38). [**4**] Descendiente de Simeón (1 Cr 4.35). [**5**] Guerrero que se unió a David en Siclag (1 Cr 12.3).

Jehúba, descendiente de Aser (1 Cr 7.34).

Jehudaía, mujer de Esdras (1 Cr 4.18).

Jehudí, siervo del rey Joacim que trajo a Baruc a los príncipes y le leyó las profecías de Jeremías al rey (Jer 36.14,21,23).

Jehús, descendiente del rey Saúl (1 Cr 8.39).

Jeiel. [1] Príncipe de la tribu de Rubén (1 Cr 5.7). [**2**] Portero en el templo (1 Cr 15.18). [**3**] Nombre de dos músicos levitas (1 Cr 15.21; 16.5). [**4**] Uno de los hijos de Asaf (2 Cr 20.14). [**5**] Escriba del rey Uzías (2 Cr 26.11). [**6**] Levita en tiempo del rey Ezequías (2 Cr 29.13). [**7**] Jefe de los levitas en tiempo del rey Josías (2 Cr 35.9). [**8**] Uno de los que regresó con Esdras en el exilio (Esd 8.13). [**9**] Uno de los que se casaron con mujeres extranjeras en tiempo de Esdras (Esd 10.43).

Jemima, primera hija de Job después de su restauración (Job 42.14).

Jera, hijo de Joctán (Gn 10.26; 1 Cr 1.20). Posiblemente se alude a una tribu árabe.

Jerameel. [1] Padre de un linaje importante al sur

de Judá (1 Cr 2.9,25-27; 33, 42). [**2**] Levita, hijo de Cis (1 Cr 24.29). [**3**] Oficial del rey Joacím (Jer 36.26).

Jered, hijo de Esdras y descendiente de Caleb (1 Cr 4.18). Véase Jared.

Jeremai, uno de los que se casaron con mujeres extranjeras en tiempo de Esdras (Esd 10.33).

Jeremías. [1] De Libna, padre de Hamutal (2 R 23.31; Jer 52.1). [**2**] Jefe de la tribu de Manasés

J

Por advertir contra el peligro de Babilonia, Jeremías fue arrojado a una cisterna fangosa (Jer 38.1-13).

(1 Cr 5.24). [3] Nombre de tres guerreros que se unieron a David en Siclag (1 Cr 12.4,10,13). [4] Profeta cuya actividad cubrió los reinados de los últimos cinco monarcas de Judá. Denunció las políticas e idolatrías de su nación (Jer 1.20; 26; 36). [5] Firmante del pacto de Nehemías (Neh 10.2). [6] Sacerdote que regresó del exilio con Zorobabel (Neh 12.1,12). [7] Príncipe de Judá en la dedicación del muro de Jerusalén (Neh 12.34). [8] Padre de Jaazanías recabita (Jer 35.3).

Jeremot. [1] Descendiente de Benjamín (1 Cr 8.14). [2] Levita, descendiente de Merari (=Jerimot) (1 Cr 23.23). [3] Uno de los hijos de Hemán (1 Cr 25.4,22). [4] Nombre de dos que se casaron con mujeres extranjeras en tiempo de Esdras (Esd 10. 26,27).

Jeresías, descendiente de Benjamín (1 Cr 8.27).

Jeriot, hijo de Caleb con Azuba (1 Cr 2.18).

Jerobaal, nombre dado a Gedeón por su padre (Jue 6.32; 7.1; 8.29). En 2 Samuel 11.21 el texto hebreo lo llama Jerubeset.

Jeroboam. [1] Primer rey de Israel tras la división del reino. Se mantuvo en el trono durante veintidós años (1 R 11.26-40; 12.1—14.20). [2] Decimotercero rey de Israel; en su época

Israel era fuerte pero abiertamente idólatra (2 R 14.23-29).

Jeroham. [1] Padre de Elcana y abuelo del profeta Samuel (1 S 1.1; 1 Cr 6.27,34). [2] Descendiente de Benjamín (1 Cr 8.27). [3] Ascendiente de Ibneías (1 Cr 9.8). [4] Ascendiente de Adaía (1 Cr 9.12; Neh 11.12). [5] Padre de Joela y Zebadías, valientes de David (1 Cr 12.7). [6] Padre de Azareel (1 Cr 27.22). [7] Padre de Azarías (2 Cr 23.1).

Jerusa, madre del rey Jotam (2 R 15.33; 2 Cr 27.1).

Jesaías. [1] Descendiente de David (1 Cr 3.21). [2] Levita, músico entre los hijos de Jedutún (=Jesahías) (1 Cr 25.3,15). [3] Levita, tesorero del templo (1 Cr 26.25). [4] Uno de los que regresó del exilio (Esd 8.7). [5] Levita que regresó del exilio (Esd 8.19). [6] Ascendiente de Salú (Neh 11.7).

Jesebeab, sacerdote contemporáneo de David (1 Cr 24.13).

Jeser, hijo de Caleb (1 Cr 2.18).

Jesimiel, príncipe de la tribu de Simeón (1 Cr 4.36).

Jesisai, descendiente de Gad (1 Cr 5.14).

Jesúa. [1] Sacerdote del templo (1 Cr 24.11; Esd 2.36; Neh 7.39). [2] Levita contemporáneo del rey Ezequías (2 Cr 31.15). **[3]** Ascendiente de un grupo de levitas que regresaron del exilio (Esd 2.40; Neh 7.43). **[4]** Sumo sacerdote en tiempo de Esdras y Nehemías (Esd 2.2; 3.2-9; 4.3; Neh 7.7; 12.1-26). **[5]** Ascendiente de un grupo que regresó del exilio (Esd 2.6; Neh 7.11). **[6]** Padre de Jozabad (Esd 8.33). **[7]** Padre de Ezer (Neh 3.19). **[8]** Nombre de uno o más levitas en tiempo e Nehemías (Neh 8.7; 9.4-5; 10.9; 12 .8,24).

Jesucristo, el hijo de la virgen María que vino a la tierra a cumplir las profecías del Rey que moriría por los pecados de su pueblo. El relato de su ministerio se halla en los Evangelios de Mateo, Marcos, Lucas y Juan.

Jesús, llamado «Justo», compañero de Pablo (Col 4.11).

Jeter. **[1]** Primogénito de Gedeón (Jue 8.20). **[2]** Padre de Amasa (1 R 2.5, 32; 1 Cr 2.17). **[3]** Descendiente de Jerameel (1 Cr 2.32). **[4]** Hijo de Esdras (1 Cr 4.17). **[5]** Descendiente de Aser (1 Cr 7.38).

Jetet, jefe edomita (Gn 36.40; 1 Cr 1.51).

Jetro, suegro de Moisés. Aconsejó a Moisés que delegara la administración de justicia en otra persona (Éx 3.1; 4.18; 18.1-12). Se le llama Reuel en Éxodo 2.18. En Números 10.29 la

Muchas de las enseñanzas de Jesús están en su Sermón del Monte (Mt 5.1—7.29).

RVR traduce su nombre como Ragüel; pero en el texto hebreo se lee Reuel.

Jetur, hijo de Ismael, y su descendencia (Gn 25.15; 1 Cr 1.31).

Jeuel, jefe de un grupo que regresó del exilio (1 Cr 9.6).

Jeús. [1] Hijo de Esaú y Aholibama (Gn 36.5,14,18; 1 Cr 1.35). [2] Descendiente de Benjamín (1 Cr 7.10). [3] Descendiente del rey

Menos de una semana antes de su crucifixión, Jesús fue recibido en Jerusalén con palma y gritos de alabanza (Mt 21.1-11).

Saúl (1 Cr 23.10-11). [4] Hijo del rey Roboam (2 Cr 11.19).

Jeúz, descendiente de Benjamín (1 Cr 8.10).

Jezabel. [1] Malvada e idólatra reina de Israel (1 R 16.31; 18.4—21.25; 2 R 9.7-37). [2] Falsa profetiza de Tiatira (Ap 2.20). Probablemente se trata de un nombre simbólico y no del nombre real de la profetiza.

Jezer, descendiente de Manasés (Nm 26.30). Pro-

La malvada reina Jezabel tuvo un final violento (2 R 9.30-37).

bablemente el Abiezer del tiempo de Josué (Jos 17.2; 1 Cr 7.18).

Jezer, tercer hijo de Neftalí (Gn 46.24; Nm 26.49; 1 Cr 7.13).

Jezías, uno de los que se casaron con mujeres extranjeras en tiempo de Esdras (Esd 10.25).

Jeziel, guerrero que se unió a David en Siclag (1 Cr 12.3).

Jezlías, descendiente de Benjamín (1 Cr 8.18).

Jezoar, descendiente de Judá (1 Cr 4.7).

Jezreel. [1] Descendiente de Judá (1 Cr 4.3). [2] Hijo del profeta Oseas (Os 1.4).

Jibsam, descendiente de Isacar (1 Cr 7.2).

Jidlaf, hijo de Nacor y sobrino de Abraham (Gn. 22.22).

Joa. [1] Hijo de Asaf y canciller del rey Ezequías (2 R 18.18,26; Is 36.3,11, 22). [2] Levita, descendiente de Gersón (1 Cr 6.21). [3] Levita portero del tabernáculo e hijo de Obed-edom (1 Cr 26.4). [4] Levita en tiempo del rey Ezequías (2 Cr 29.12). [5] Canciller del rey Josías (2 Cr 34.8).

Joab. [1] General del ejército de David e hijo de Sarvia, hermana del rey (2 S 2.13-32; 3.23-31; 18; 1 R 2.22-23). [2] Descendiente de Judá (1 Cr 2.54). Algunos especialistas creen que aquí se alude a una ciudad de Judá. El nombre forma parte de la siguiente expresión: Atrot-bet-joab. [3] Hijo de Seraías (1 Cr 4.14). [4] Ascendiente de un grupo que regresó del exilio con Zorobabel (Esd 2.6; 8.9; Neh 7.11).

Joacaz. [1] Hijo y sucesor de Jehú al trono de Israel. Su reino fue un desastre (2 R 10.35; 13.2-25). [2] Hijo de Josías y rey de Judá durante tres meses antes de ser depuesto por el Faraón Necao (2 R 23.30-34; 2 Cr 36.1-4).

También se le llamó Salum antes de convertirse en rey (1 Cr 3.15; Jer 22.11). [3] Véase Ocozías (Azarías). [4] Padre de Joa (2 Cr 34.8).

Joacim. [1] Nombre que el Faraón Necao le dio a Eliaquim cuando lo hizo rey de Judá. Con ese nombre probablemente Necao proclamaba que Jehová lo había autorizado a colocar a Eliaquim en el trono (2 R 23.34—24.6). No se debe confundir con Joaquín. [2] Descendiente de Judá (1 Cr 4.22).

Joadán, madre del rey Amasías y mujer del rey Joas (2 R 14.2; 2 Cr 25.1).

Joana, ascendiente de Jesucristo (Lc 3.27).

Joaquín, rey de Judá, hijo y sucesor de Joacim y ascendiente de Cristo. Era monarca de Judá cuando fue capturado por Nabucodonosor (2 R 24.8-16; 2 Cr 36.9-10; Mt 1.11-12). Jeconías es una forma alterada de su nombre (1 Cr 3.16-17; Jer 24.1), así como Conías (Jer 22.24,28; 37.1).

Joás. [1] Padre de Gedeón (Jue 6.29). [2] Hijo del rey Acab (1 R 22.26; 2 Cr 18.25). [3] Noveno rey de Judá, hijo de Ocozías. Hasta la muerte del sacerdote Joiada, Joás siguió a Dios; después trajo idolatría y desastres a su país (2 R 11.21; 12.21). [4] Rey de Israel, hijo y sucesor de Joacaz; tuvo éxito en varias campañas mili-

tares (2 R 13.9—14.6). [5] Descendiente de
Judá (1 Cr 4.22). [6] Descendiente de Benjamín (1 Cr 7.8). [7] Uno de los valientes de David (1 Cr 12.3). [8] Funcionario del rey David
(1 Cr 27.28).

Job. [1] Tercer hijo de Isacar (Gn 46.13), también
llamado Jasub (Nm 26.24; 1 Cr 7-1). [2] Piadoso hombre de Uz. Su perseverancia en medio
de terribles pruebas culminó en una maravillosa bendición (Job 1-3; 42; Ez 14.4,20).

Jobab. [1] Hijo de Joctán (Gn 10.29; 1 Cr 1.23).
Probablemente el nombre aluda a una tribu

Tres amigos de Job vinieron a consolarlo después de sus muchas tragedias (Job 2.11-13).

árabe desconocida. [2] Segundo rey de Edom (Gn 36.33, 34; 1 Cr 1.44,45). [3] Rey de Madón derrotado por Josué (Jos 11.1). [4] Nombre de dos descendientes de Benjamín (1 Cr 8.9,18).

Jocabed, descendiente de Leví y madre de Moisés (Éx 6.20; Nm 26.59).

Jocsán, hijo de Abraham con Cetura (Gn 25.2-3; 1 Cr 1.32).

Joctán, hijo de Heber, de la línea de Sem (Gn 10.25-26; 1 Cr 19-20,23). Probablemente se alude a una tribu de Arabia de la que surgieron otros muchos grupos árabes.

Joed, habitante de Jerusalén en tiempo de Nehemías (Neh 11.17).

Joel. [1] Primogénito de Samuel (1 S 8.2; 1 Cr 6.33; 15.17). [2] Príncipe de la tribu de Simeón (1 Cr 4.35). [3] Descendiente de Rubén (1 Cr 5.4,8). [4] Jefe de la tribu de Gad en Basán (1 Cr 5.12). [5] Ascendiente del profeta Samuel (1 Cr 6.36). [6] Descendiente de Isacar (1 Cr 7.3). [7] Uno de los valientes de David (1 Cr 11.38). [8] Levita eminente en tiempo de David (posiblemente =No. 9) (1 Cr 15.7,11; 23.8). [9] Tesorero del templo en tiempo de David (posiblemente =No. 8) (1 Cr 26.22). [10] Funcionario del rey David (1 Cr 27.20). [11] Levita en tiempo del rey Ezequías (2 Cr

29.12). **[12]** Uno de los que se casaron con mujeres extranjeras en tiempo de Esdras (Esd 10.43). **[13]** Oficial en Jerusalén en tiempo de Nehemías (Neh 11.9). **[14]** Profeta en los días de Uzías (Jl 1.1; Hch 2.16).

Joela, guerrero que se unió a David en Siclag (1 Cr 12.7).

Joezer, guerrero que se unió a David en Siclag (1 Cr 12.6).

Jogli, padre de Buqui y príncipe de Dan (Nm 34.22).

Joha. [1] Descendiente de Benjamín (1 Cr 8.16). **[2]** Uno de los 30 valientes de David (1 Cr 11.45).

Johanán. [1] Capitán que se unió a Gedalías después de la deportación (2 R 25.23; Jer 40.8,13). **[2]** Hijo mayor de Josías, rey de Judá (1 Cr 3.15). **[3]** Descendiente de David (1 Cr 3.24). **[4]** Padre de un sacerdote en tiempo de Salomón (1 Cr 6.9-10). **[5]** Nombre de dos guerreros que se unieron a David en Saiclag (1 Cr 12.4,12). **[6]** Portero del templo (1 Cr 26.3). **[7]** Oficial del ejército del rey Josafat (2 Cr 17.15). **[8]** Padre de Ismael (2 Cr 23.1). **[9]** Padre de Azarías (2 Cr 28.12). **[10]** Uno de los que regresaron de Babilonia con Esdras (Esd 8.12). **[11]** Sacerdote, hijo del sumo sacerdote Eliasib (Esd 10.6; Neh 12.22-23). [**12**] Uno de los que se casaron con mujeres extranjeras en tiempo de Esdras (Esd 10.28). [**13**] Hijo de Tobías amonita (Neh 6.18). [**14**] Sacerdote en tiempo de Joiacim (Neh 12.13). [**15**] Sacerdote en tiempo de Nehemías (Neh 12.42).

Joiacim, hijo de Jesúa que retornó de la cautividad babilónica (Neh 12.10, 12,26). No se debe confundir con Joaquín.

Joiada. [**1**] Padre de Benaía, uno de los oficiales de David (2 S 8.18; 1 R 1.8,26). [**2**] Sumo sacerdote en tiempo de la monarquía. Escondió a Joás de Atalía durante seis años (2 R 11-12.9). [**3**] Príncipe del linaje de Aarón que se unió a David en Siclag (1 Cr 12.27). [**4**] Consejero de David después de Ahitofel (1 Cr 27.34). [**5**] Uno de los que ayudó en la restauración del muro de Jerusalén (Neh 3.6). [**6**] Sumo sacerdote, hijo de Eliasib (Neh 12.10,11, 22; 13.28). [**7**] Sacerdote en tiempo del profeta Jeremías (Jer 29.26).

Joiarib. [**1**] Sacerdote que regresó de Babilonia (1 Cr 9.10; Neh 11.10; 12.6,19); [**2**] Sacerdote en tiempo de David (1 Cr 24.7). [**3**] Mensajero enviado por Esdras (Esd 8.16). [**4**] Ascendiente de Maasías (Neh 11.5).

Jonadab. [**1**] Sobrino de David (2 S 13.3,5,32,35).

[2] Hijo de Recab, quien prohibió a sus seguidores y descendientes beber vino y vivir en casas (Jer 35.6-19; 2 R 10.15,23).

Jonán, ascendiente de Jesucristo (Lc 3.30).

Jonás. [1] Padre de Simón Pedro (Jn 1.42; 21.15-17). [2] Profeta hebreo enviado a predicar a Nínive en los días de Jeroboam II. Fue el primer profeta hebreo enviado a una nación gentil (2 R 14.25; Jon 1.1,3,5,17; 2.10; Mt 12.39-41).

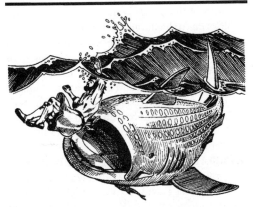

Jonás aprendió a la mala que no podía escapar la voluntad de Dios (Jon 1.1–2.10).

Jonatán. [1] Sacerdote de la tribu de Dan (Jue 18.30). [2] Hijo del rey Saúl (1 S 19.1). [3] Hijo del sacerdote Abiatar (2 S 15.27). [4] Sobrino de David (1 Cr 20.7). [5] Uno de los treinta valientes de David (2 S 23.32). [6] Descendiente de Jerameel (1 Cr 2.32-33). [7] Funcionario del rey David (1 Cr 27.25). [8] Tío y consejero del rey David (1 Cr 27.32). [9] Levita en tiempo del rey Josafat (2 Cr 17.8). [10] Padre de Ebed (Esd 8.6). [11] Uno de los que se opuso a Esdras (Esd 10.15). [12] Sumo sacerdote, hijo de Joiada y padre de Jadúa (Neh 12.11). [13] Nombre de dos jefes de familias sacerdotales en tiempo de Joiacim (Neh 12.14,18). [14] Padre de Zacarías (Neh 12.35). [15] Escriba contemporáneo del profeta Jeremías (Jer 37.15). [16] Capitán que se unió a Gedalías después de la deportación (Jer 40.8).

Jora, padre de una familia que regresó del exilio con Zorobabel (Esd 2.18).

Jorai, un jefe de la tribu de Gad (1 Cr 5.13).

Joram. [1] Hijo de Toi, rey de Hamat (2 S 8.10). [2] Rey de Judá, hijo y sucesor de Josafat (1 R 22.50). [3] Rey de Israel, hermano y sucesor de Ocozías (2 R 1.17). [4] Levita (1 Cr 26.25). [5] Sacerdote enviado a enseñar al pueblo en tiempo del rey Josafat (2 Cr 17.8).

Jorcoam, descendiente de Caleb (1 Cr 2.44).

Jorim, ascendiente de Jesucristo (Lc 3.29).

Josaba(=Josabet), hija del rey Joram de Judá (2 R 11.2) que ayudó a esconder a Joás (2 Cr 22.11).

Josabad, jefe de los levitas en tiempo del rey Josías (2 Cr 35.9).

Josacar, siervo y asesino del rey Joás de Judá (2 R 12.21). Se le llama Zabad en 2 Crónicas 24.26.

Josadac, sacerdote, padre de Jesúa (1 Cr 6.14-15; Esd 3.2,8; 5.2; 10.18; Neh 12.26; Hag 1.1,12,14; 2.2,4; Zac 6.11).

Josafat. [1] Cronista de David y Salomón (2 S 8.16; 20.24; 1 R 4.3). [2] Funcionario del rey Salomón (1 R 4.17). [3] Rey de Judá, hijo y sucesor de Asa (1 R 15.24). [4] Padre de Jehú rey de Israel (2 R 9.2,14). [5] Uno de los treinta valientes de David (1 Cr 11.43). [6] Sacerdote contemporáneo de David (1 Cr 15.24).

Josavía, uno de los valientes de David (1 Cr 11.46).

Josbecasa, hijo de Hemán, cantor en el templo en tiempo de David (1 Cr 25.4,24).

José. [1] Hijo de Jacob y Raquel. Fue vendido como esclavo pero se convirtió en primer ministro de Egipto (Gn 37; 39—50). [2] Padre de Igal, uno de los espías enviados a Canaán (Nm 13.7). [3] Levita en tiempo de David (1 Cr

Una hambruna convirtió a José en gobernador de Egipto y lo llevó a tener una reunión con sus hermanos (Gn 41.1—46.7).

25.2,9). **[4]** Uno de los que se casaron con mujeres extranjeras en tiempo de Esdras (Esd 10.42). **[5]** Sacerdote en tiempo de Joiacim (Neh 12.14). **[6]** Marido de María, la madre de Jesús (Mt 1.16-24; 2.13; Lc 1.27; 2.4). **[7]** Hermano de Jesús (Mt 13.55; Mr 6.3). **[8]** Hijo de María (Mt 27.56; Mr 15.40,47). **[9]** José de Arimatea, judío converso propietario de la tumba donde fue depositado Jesús (Mt 27.57,59;

Lc 15.43). **[10]** Nombre de tres ascendientes de Jesucristo (Lc 3.24,26,30). **[11]** Discípulo candidato a ocupar el lugar de Judas Iscariote (Hch 1.23). También se le conocía como Barsabás y Justo.

Josías. [1] Piadoso rey de Judá en cuyo reinado fue encontrado el libro de la ley (1 R 13.2; 2 R 22.1—23.30). Fue ascendiente de Cristo (Mt 1.10-11). **[2]** Descendiente de Simeón (1 Cr 4.34). **[3]** Uno que regresó del exilio en Babilonia (Zac 6.10).

Josibías, descendiente de Simeón (1 Cr 4.35).

Josifías, padre de Selomit, uno que regresó del exilio (Esd 8.10).

Josohaía, príncipe de la tribu de Simeón (1 Cr 4.36).

Josué. [1] Ayudante y sucesor de Moisés; general que dirigió la conquista de la Tierra prometida (Éx 17.9-14; 24.13; Dt 31.1-23; 34.9). Moisés le cambió el nombre de Oseas por Josué (Nm 13.8,16; Dt 32.44). **[2]** Habitante de Bet-semes (1 S 6.14,18). **[3]** Gobernador de Jerusalén en los días de Josías (2 R 23.8). **[4]** Sumo sacerdote en tiempo de los profetas Hageo y Zacarías (Hag 1.1,12,14; 2.2,4; Zac 3.1,3,6).

Jotam. **[1]** Hijo menor de Gedeón (Jue 9.5,7,21,57). **[2]** Rey de Judá, hijo y sucesor de

La primera victoria importante de Josué fue la toma de Jericó (Jos 6.1-27)

Uzías (2 R 15.5-38; Is 1.1; 7.1; Mt 1.9). **[3]** Descendiente de Jerameel (1 Cr 2,47).

Jozabad. [1] Asesino del rey Joás de Judá (2 R 12.21; 2 Cr 24.26). **[2]** Nombre de tres guerreros que se unieron a David en Siclag (1 Cr 12.4,20). **[3]** Portero del templo (1 Cr 26.4). **[4]** Oficial militar bajo el rey Josafat (2 Cr 17.18). **[5]** Mayordomo del templo bajo el rey Ezequías (2 Cr 31.13). **[6]** Levita en tiempo de

Esdras (posiblemente =No. 8) (Esd 8.33). [7]
Nombre de dos de los que se casaron con mujeres extranjeras en tiempo de Esdras (Esd
10.22,23). [8] Levita que ayudó a Esdras en la
lectura de la ley (posiblemente =No.6). (Neh
11.16).

Juan. [1] Hijo de Zacarías y Elisabet que vino a
preparar camino para el Mesías. Se le llamó
Juan el Bautista y Herodes lo decapitó (Mt 3;
11.7-18; 14.1-10; Lc 1.13-17). [2] Pariente del
sumo sacerdote Anás que estuvo entre los
que juzgaron a Pedro (Hch 4.6). [3] Misionero
mejor conocido por su sobrenombre Marcos
(véase también).

[4] Cuando Jesús colgaba de la cruz agoni-
zante, miró a su madre parada junto a uno de
los primeros y más queridos discípulos: un
hombre no identificado que la mayoría de los
especialistas concuerdan que era Juan. «He
ahí tu madre», le dijo Jesús, confiando a María
al cuidado de Juan (Jn 19.27).

Juan y su hermano Jacobo eran pescadores a los que Jesús llamó «Boanerges» quizás a
causa de su impulsiva personalidad. Una vez
pidieron permiso para castigar con fuego del
cielo a algunos samaritanos poco hospitala-
rios, petición que Jesús negó. Aún así eran,

junto con Pedro, los más cercanos amigos de Jesús; pertenecían al círculo de los íntimos del Maestro. Solo ellos vieron a Jesús transfigurado en su forma celestial (Mt 17.1-2) y fueron testigos de su agónica oración poco antes de ser arrestado (Mr 14.33).

Escritores cristianos de la iglesia primitiva dicen que Juan sobrevivió a los demás discípulos y se fue a residir a Éfeso (Turquía occiden-

Juan el Bautista preparó el camino para la venida de Jesús, el Mesías (Mt 3.1-6).

tal), donde escribió cinco de los libros del Nuevo Testamento: el Evangelio de Juan, 1; 2; 3 de Juan, y Apocalipsis.

Jubal, hijo de Lamec; tocaba hábilmente varios instrumentos musicales (Gn 4.21).

Jucal, príncipe de Jerusalén en tiempo del profeta Jeremías (Jer 37.3; 38.1).

Judá. [1] Cuarto hijo de Jacob y la tribu que formó su posteridad; también el reino formado principalmente por la tribu de Judá. Adquirió el derecho de primogenitura que perdió Rubén (Gn 29.35; 37.26-28; 43.3-10; Mt 1.2-3; Lc 3.33). [2] Levita, ascendiente de uno que ayudó a reconstruir el templo (Esd 3.9). [3] Levita que se casó con una mujer extranjera durante el exilio (Esd 10.23). [4] Descendiente de Benjamín y segundo en autoridad sobre Jerusalén después del exilio (Neh 11.9). [5] Ascendiente de Petaías (Neh 11.24). [6] Levita que regresó de Babilonia con Zorobabel (Neh 12.8). [7] Príncipe de Judá en tiempo de Nehemías (Neh 12.34). [8] Sacerdote y músico (Neh 12.36). [9] Nombre de dos ascendientes de Jesucristo (Lc 3.26, 30).

Judas. [1] Iscariote, uno de los apóstoles que traicionó a su Señor y se ahorcó (Mt 10.4; 26.14,25,47; 27.3; Lc 6.16; 22.3,47-48). Probablemente Iscariote significa «hombre de Cariot», pueblo a 19 km de Hebrón. [2] Uno de los hermanos de Jesús (Mt 13.55; Mr 6.3). [3] Apóstol hermano de Jacobo (= Lebeo y Tadeo) (Lc 6.16; Jn 14.22; Hch 1.13; Jud 1). [4] Galileo que dirigió una revolución contra Roma (Hch 5.37). [5] Cristiano de Damasco (Hch 9.11). [6] «Varón principal» en la iglesia de Jerusalén enviado a Antioquía con Silas (Hch 15.22,27); tenía el sobrenombre de Barsabás.

Judit, mujer de Esaú (Gn 26.34). Véase esposas de Esaú.

Julia, cristiana a la que Pablo le envía saludos (Ro 16.15).

Julio, centurión romano que llevó a Pablo a Roma y lo trató humanamente (Hch 27.1,3).

Junias, cristiano al que Pablo saludó (Ro 16.7).

Jusab-hesed, hijo de Zorobabel (1 Cr 3.20).

Justo. [1] Cristiano en Jerusalén (Hch 1.23). [2] Cristiano en Corinto (Hch 18.7). [3] Compañero de Pablo (Col 4.11).

K

Keila, descendiente de Judá (1 Cr 4.19).

Kelaía, levita que se casó con una mujer extranjera (Esd 10.23). Posiblemente idéntico a Kelita (véase también).

Kelita, levita en tiempo de Esdras y Nehemías (Esd 10.23; Neh 8.7; 10.10). Posiblemente idéntico a Kelaía (véase también).

Kemuel. [1] Hijo de Nacor y sobrino de Abraham (Gn 22.21). [2] Jefe en la tribu de Efraín (Nm 34.24). [3] Levita en tiempo de David (1 Cr 27.17).

Keren-hapuc, tercera hija de Job, nacida tras la restauración de su salud (Job 42.14).

Laada, descendiente de Judá (1 Cr 4.21).

Laadán. [1] Ascendiente de José (1 Cr 7.26). [2] Levita, hijo de Gersón (1 Cr 23.7,8-9; 26.21).

Labán, hermano de Rebeca y padre de Raquel y Lea. Jacob lo sirvió durante siete años a fin de casarse con Raquel, pero Labán lo engañó al cambiarla por Lea la noche de bodas (Gn 24—31).

Lael, levita descendiente de Gersón (Nm 3.24).

Lahad, descendiente de Judá (1 Cr 4.2).

Lahmi, hermano de Goliat geteo (1 Cr 20.5).

Lais, padre de Palti quien se convirtió en esposo de Mical (1 S 25.44; 2 S 3.15).

Lamec. [1] Hijo de Matusalén y padre de Noé (Gn 5.25-31; Lc 3.36). [2] Padre de Jabal y Jubal; fue el primer polígamo de que se tenga noticia (Gn 4.18-26).

Lapidot, marido de Débora la profetiza (Jue 4.4).

Lázaro. [1] Hermano de Marta y María a quien Jesús levantó de los muertos (Jn 11.1—12.17). [2] Mendigo creyente que fue llevado al seno de Abraham (Lc 16.19-31).

Lea, mujer de Jacob gracias al engaño de su padre, Labán (Gn 29—31).

Lebana, jefe de una familia que regresó del exilio (Esd 2.45; Neh 7.48).

Lázaro todavía estaba envuelto en su mortaja cuando Jesús le ordenó que saliera de la tumba (Jn 11.1-44).

Lebeo. Véase Tadeo.

Leca, descendiente de Judá (1 Cr 4.21).

Lehabim, descendientes de Mizraim (Gn 10.13; 1 Cr 1.11). Posiblemente una referencia a una tribu egipcia.

Lemuel, personaje desconocido que a menudo se supone era Salomón o Ezequías, cuyas palabras recoge el libro de Proverbios (31.1-9).

Letusim, descendientes de Dedán (Gn 25.3).

Leví. [1] Hijo del patriarca Jacob, y la tribu que formó su posteridad (Gn 29.34; 34.25-31; Éx 6.16). [2] Otro nombre del apóstol Mateo (Mr 2.14). [3] Nombre de dos ascendientes de Jesucristo (Lc 3.24,30).

Libni. [1] Hijo de Gersón (Éx 6.17; Nm 3.18,21; 1 Cr 6.17,20). [2] Hijo de Merari (1 Cr 6.29).

Lidia, cristiana de Filipos (Hch 16.14,40).

Likhi, descendiente de Manasés (1 Cr 7.19).

Lino, cristiano de Roma amigo de Pablo (2 Ti 4.21).

Lisanias, tetrarca de Abilinia (Lc 3.1).

Lisias, tribuno romano (Hch 23.26; 24.7,22).

Lo-ammi, nombre simbólico del hijo de Oseas (Os 1.9).

Loida, piadosa abuela de Timoteo (2 Ti 1.5).

Lo-ruhama, nombre simbólico de la hija de Oseas que indica la condena de Israel por Dios (Os 1.6).

Lot, sobrino de Abraham que escapó de la pecadora ciudad de Sodoma (Gn 13.1-14; Gn 19).

Lotán, jefe edomita primogénito de Seir (Gn 36.20-29).

Lucas, evangelista, médico y autor del tercer Evangelio y el libro de Hechos (Col 4.14; 2 Ti 4.11; Flm 24).

Lucero, [Lucifer] epíteto que en Isaías 14.12 alude

al rey de Babilonia. Más tarde fue aplicado a
Satanás.

Lucio. [1] Profeta o maestro de Cirene que minis-
traba en Antioquía (Hch 13.1). [2] Judío cristiano que envió saludos a la comunidad de
Roma (Ro 16.21). Quizás el mismo que [1].

Lud, hijo de Sem (Gn 10.22). Posiblemente se alude a los lidios.

Ludim, descendientes de Mizraim (Gn 10.13; 1 Cr
1.11).

Maaca. [1] Hijo de Nacor (Gn 22.24). [2] Una de
las esposas de David y madre de Abasalón (2 S
3.3; 1 Cr 3.2). [3] Un rey de Maaca (2 S 10.6).
Algunos traducen «el rey de Maaca». [4] Padre
de Aquis, rey de Gat (1 R 2.39). En 1 Samuel
27.2 se le llama Maoc. [5] Madre de Asa, rey
de Judá (1 R 15.10,13; 2 Cr 15.16). Se le llama
Micaías en 2 Cr 13.2. [6] Concubina de Caleb
(1 Cr 2.48). [7] Mujer de Maquir, hijo de Manasés (1 Cr 7.15-16). [8] Ascendiente de Saúl (1
Cr 8.29; 9.35). [9] Ascendiente de Hanán (1 Cr
11.43). [10] Padre de Sefatías (1 Cr 27.16). [13]
Ascendiente de Elifelet (2 S 23.34). [14] Madre
de Abías, rey de Judá (1 R 15.2).

Maadías, sacerdote que regresó del exilio con
Zorobabel (Neh 12.5). Se le llama Moadías en
Nehemías 12.17.

Maai, sacerdote que ayudó a purificar el pueblo
que retornó del exilio (Neh 12.36).

Maala, hija de Zelofehad a la que se concedió una
parcela de tierra porque su padre no tenía hijos varones (Nm 26.33; 27.1; 36.11; Jos 17.3).

Maasías. [1] Músico, levita en tiempo de David
(1 Cr 15.18,20). [2] Oficial militar que ayudó al
sacerdote Joiada (2 Cr 23.1). [3] Oficial del rey
Uzías (2 Cr 26.11). [4] Hijo del rey Acaz (2 Cr

28.7). [**5**] Gobernador de Jerusalén bajo el rey Josías (2 Cr 34.8). [**6**] Nombre de varios que se habían casado con mujeres extranjeras en tiempo de Esdras (Esd 10.18,21-22,30). [**7**] Ascendiente de Azarías (Neh 3.23). [**8**] Uno que ayudó a Esdras en la lectura de la ley (Neh 8.4). [**9**] Levita que interpretó la lectura de la ley (Neh 8.7). [**10**] Firmante del pacto de Nehemías (Neh 10.25). [**11**] Residente de Jerusalén después del exilio (=Asaías) (Neh 11.5). [**12**] Ascendiente de Salú (Neh 11.7). [**13**] Sacerdote en tiempo de Nehemías (Neh 12.42). [**14**] Padre del sacerdote Sofonías (Jer 21.1; 29.25; 37.3). [**15**] Padre de Sedequías (Jer 29.21). [**16**] Ascendiente de Baruc (Jer 32.12; 51.59). [**17**] Oficial del templo en tiempo de Jeremías (Jer 35.4).

Maat, ascendiente de Jesucristo (Lc 3.26).

Maaz, descendiente de Jerameel (1 Cr 2.27).

Maazías. [1] Sacerdote en tiempo de David (1 Cr 24.18). [2] Sacerdote en tiempo de Nehemías (Neh 10.8).

Macbanai, militar que se unió a David en Siclag (1 Cr 12.13).

Macbena, descendiente de Caleb (1 Cr 2.49).

Macnadebai, uno de los que se casaron con mujeres extranjeras en tiempo de Esdras (Esd 10.40).

Madai. [1] Hijo de Jafet (Gn 10.2; 1 Cr 1.5). [2] Uno de los que se casaron con mujeres extranjeras en tiempo de Esdras (Esd 10.34).

Madián, hijo de Abraham y Cetura y la tribu que formó su posteridad (Gn 25.2,4; 36.35; 1 Cr 1.32).

Magdiel, jefe de Esaú (Gn 36.43; 1 Cr 1.54).

Magog, segundo hijo de Jafet (Gn 10.2; 1 Cr 1.5). Posiblemente un pueblo que habitaba las tierras del norte. El nombre puede denotar a los escitas o aludir a las tribus bárbaras del norte en su conjunto.

Magor-misabib («terror por todas partes»), nombre simbólico dado a Pasur por Jeremías (Jer 20.1-3).

Magpías, firmante del pacto de Nehemías (Neh 10.20).

Mahala, descendiente de Manasés (1 Cr 7.18).

Mahalaleel. [1] Hijo de Cainán y padre de Jared (Gn 5.12-13,15; Lc 3.37). [2] Uno cuyos descendientes vivieron en Jerusalén (Neh 11.4).

Mahalat. [1] Una de las esposas de Esaú (Gn 28.9). Véase Esposas de Esaú. [2] Mujer de Roboam (2 Cr 11.18).

Maharai, uno de los 30 valientes de David (2 S 23.28; 1 Cr 11.30; 27.13).

Mahat. [1] Ascendiente del cantor Hernán (1 Cr 6.35). [2] Levita en tiempo del rey de Ezequías (2 Cr 29.12; 31.13).

Mahaziot, hijo del cantor Henán (1 Cr 25.4,30).

Maher-salal-hasbaz, nombre simbólico del profeta Isaías (Is 8.1-4).

Mahli. [1] Primogénito de Merari (Éx 6.19; Nm 3.20; 1 Cr 6.19,29; Esd 8.18). [2] Hijo de Musi (1 Cr 6.47; 23.23; 24.30).

Mahlón, primer marido de Rut que murió en Moab (Rut 1.2-5).

Mahol, Padre de tres varones conocidos por su sabiduría (1 R 4.31).

Mainán, ascendiente de Jesucristo (Lc 3.31).

Malaquías, el último profeta que recoge el Antiguo Testamento; era contemporáneo de Nehemías (Mal 1.1).

Malcam, descendiente de Benjamín (1 Cr 8.9).

Malco, siervo del sumo sacerdote a quien Pedro le cortó la oreja (Jn 18.10).

Maloti, hijo del cantor Hernán (1 Cr 25.4,26).

Malquías. [1] Ascendiente de Asaf el cantor (1 Cr 6.40). [2] Ascendiente de Adaía (1 Cr 9.12; Neh 11.12). [3] Sacerdote en tiempo de David (1 Cr 24.9). [4] Nombre de tres de los que se casaron con mujeres extranjeras en tiempo de Esdras (Esd 10.25,31). [**5**] Nombre de tres varones que ayudaron en la reedificación del muro de Jerusalén (Neh 3.11,14,31). [**6**] Uno que ayudó a Esdras en la lectura de la ley (Neh 8.4). [**7**] Firmante del pacto de Nehemías (Neh 10.3). [**8**] Sacerdote en tiempo de Nehemías (Neh 12.42). [**9**] Padre de Pasur (Jer 21.1; 38.1). [**10**] Residente de Jerusalén en tiempo de Jeremías (Jer 38.6).

Malquiel, descendiente de Aser (Gn 46.17; Nm 26.45; 1 Cr 7.31).

Malquiram, hijo del rey Jeconías (1 Cr 3.18).

Malquisúa, tercer hijo del rey Saúl (1 S 14.49; 31.2; 1 Cr 8.33; 9.39; 10.2).

Maluc. [1] Ascendiente de Etán (1 Cr 6.44). [2] Nombre de dos de los que se casaron con mujeres extranjeras en tiempo de Esdras (Esd 10.29,32). [3] Sacerdote en tiempo de Nehemías (Neh 10.4; 12.2). Se le llama Melicú en Nehemías 12.14. [4] Firmante del pacto de Nehemías (Neh 10.27).

Mamre, jefe amorreo aliado de Abraham (Gn 14.13,24).

Manaén, cristiano eminente en Antioquía (Hch 13.1).

Manahat, descendiente de Seir (Gn 36.23; 1 Cr 1.40).

Manahem, idólatra y cruel usurpador del trono de Israel que mató a Salum (2 R 15.14-23).

Manasés. [1] Primogénito de José (Gn 41.51); sus descendientes formaron una de las doce tribus de Israel y ocuparon ambos lados del Jordán (Jos 16.4-9; 17). [2] Idólatra sucesor de Ezequías al trono de Judá. Fue ascendiente de Cristo (2 R 21.1-18; Mt 1.10). [3] Nombre de dos de los que se casaron con mujeres extranjeras en tiempo de Esdras (Esd 10.30,33).

Manoa, padre de Sansón, el juez (Jue 13.1-23).

Maoc, padre de Aquis (1 S 27.2).

Maqui, padre de uno de los espías enviados a Canaán (Nm 13.15).

Maquir. [1] Hijo de Manasés (Gn 50.23; Nm 26.29; Jos 13.31). [2] Habitante de Lodebar en tiempo de David (2 S 9.4-5; 17.27).

Mara, nombre asumido por Noemí tras la muerte de su esposo (Rut 1.20).

Marcos, cristiano converso y misionero acompañante de Pablo (Hch 12.12, 25; 15.37,39; Col 4.10). Marcos es su nombre latino y Juan su nombre hebreo. Escribió el Evangelio que lleva su nombre.

Mardoqueo. [1] Uno que regresó del exilio con

Zorobabel (Esd 2.2; Neh 7.7). [2] Primo de la reina Ester, se convirtió en visir de Persia y ayudó a salvar a los judíos de la destrucción (Est 2—10).

Maresa. [1] Primogénito de Caleb (1 Cr 2.42). [2] Descendiente de Judá (1 Cr 4.21).

María. [1] Madre de Jesucristo; su cántico (Lc 1.46-55) revela lo profundo de su fe (Mt 1.16-20; véase Juan 2.1-11). [2] Hermana de Marta y Lázaro. Ungió al Señor con aceite y recibió su aprobación (Lc 10.39,42; Jn 11.1-45). [3] Mujer de Magdala en Galilea. Se convirtió tras haber sido librada de «siete demonios» (Mt 27.56,61; 28.1; Lc 8.2; Jn 19.25). [4] Madre de Juan Marcos (Hch 12.12). [5] Cristiana de Roma saludada por Pablo (Ro 16.6). [6] Madre de José (Mr 15.47) y Jacobo el menor (Lc 24.10). La «otra María» (Mt 28.1) y María, la mujer de Cleofas (Jn 19.25), son probablemente la misma persona (Mr 15.40). [7] Hermana de Moisés (Éx 15.20). [8] Hija de Esdras (1 Cr 4.17).

Marsena, príncipe del rey Azuero (Est 1.14).

Marta, hermana de María y Lázaro en Betania (Lc 10.38,40-41; Jn 11.1-39).

Mas, hijo de Aram (Gn 10.23). En 1 Crónicas 1.17 se le llama Mesec; posiblemente se alude a un pueblo arameo asentado en el norte de Mesopotamia.

Masai, sacerdote que regresó del exilio (1 Cr 9.12).

Massa, hijo de Ismael (Gn 25.14; 1 Cr 1.30).

Matán. [1] Sacerdote de Baal en el reinado de Atalía (2 R 11.18; 2 Cr 23.17). [2] Padre de Sefatías (Jer 38.1). [3] Ascendiente de Jesucristo (Mt 1.15).

Matanías. [1] Nombre original del rey Sedequías (2 R 24.17). [2] Levita que regresó del exilio (1 Cr 9.15). [3] Levita, músico en el templo (1 Cr 25.4,16). [4] Levita de los hijos de Asaf (2 Cr 20.14). [5] Levita en tiempo del rey Ezequías (2 Cr 29.13). [6] Nombre de cuatro de los que se casaron con mujeres extranjeras en tiempo de Esdras (Esd 10.26,27,30,37). [7] Levita, cantor en tiempo de Zorobabel (Neh 11.17,22; 12.8). [8] Levita, portero en tiempo de Nehemías (Neh 12.25). [9] Ascendiente de Zacarías (Neh 12.35). [10] Abuelo de Hanán (Neh 13.13).

Matat, Nombre de dos ascendientes de Jesucristo (Lc 3.24,29).

Matata. [1] Uno de los que se casaron con mujeres extranjeras en tiempo de Esdras (Esd 10.33). [2] Ascendiente de Jesucristo (Lc 3.31).

Matatías. [1] Levita que regresó de Babilonia (1 Cr 9.31). [2] Levita, músico en el templo (1 Cr 15.18,21; 16.5; 25.3,21). [3] Uno de los que se casaron con mujeres extranjeras en tiempo de Esdras (Esd 10.43). [4] Uno de los que ayudó a Esdras en la lectura pública de la ley (Neh 8.4). [5] Nombre de dos ascendientes de Jesucristo (Lc 3.25,26).

Matenai. [1] Nombre de dos de los que se casaron con mujeres extranjeras en tiempo de Esdras (Esd 10.33,37). [2] Sacerdote en tiempo del sumo sacerdote Joiacim (Neh 12.14).

Mateo, uno de los doce apóstoles; era colector de impuestos antes de su llamado. También se le conocía como Leví (Mt 9.9; 10.3; Mr 2.14). Escribió el tercer Evangelio.

M

Matías, cristiano escogido como apóstol a fin de ocupar el lugar de Judas Iscariote (Hch 1.23,26). Tenía como sobrenombre Justo.

Matred, madre de Mehetabel (Gn 36.39; 1 Cr 1.50).

Matri, padre de una familia de Benjamín (1 S 10.21).

Matusalén, abuelo de Noé y hombre de mayor edad que menciona la Biblia (Gn 5.21-27; 1 Cr 1-3; Lc 3.37).

Mebunai, uno de los 30 valientes de David (2 S 23.27). Véase Sibecai.

Medad, ismaelita que profetizó en el campamento (Nm 11.26-27).

Medán, hijo de Abraham con Cetura (Gn 25.2; 1 Cr 1.32).

Mefi-boset. [1] Hijo de Saúl y su concubina Rizpa (2 S 21.8). [2] Nieto de Saúl, se mantuvo leal a David, quien lo acogió como uno de sus hijos (2 S 4.4; 9.6-13). También se le llamó Merib-baal (1 Cr 8.34).

Mehetabel. [1] Mujer de Hadar (Hadad), rey edomita (Gn 36.39; 1 Cr 1.50). [2] Ascendiente de Semaías (Neh 6.10).

Mehída, padre de una familia de sirvientes del templo (Esd 2.52; Neh 7.54).

Mehir, descendiente de Judá (1 Cr 4.11).

Mehujael, hijo de Irad y padre de Metusael (Gn 4.18).

Mehumán, uno de los siete eunucos del rey Azuero (Est 1.10).

Melatías, uno que ayudó en la restauración del muro de Jerusalén (Neh 3.7).

Melea, ascendiente de Jesucristo (Lc 3.31).

Melec, nieto de Mefi-boset (1 Cr 8.35; 9.41).

Melicú, Familia de sacerdotes en tiempo de Joiacim (Neh 12.14).

Melqui, nombre de dos ascendientes de Jesucristo (Lc 3.24,28).

Melquisedec, rey y sacerdote de Salem. Fue un símbolo profético o «tipo» de Cristo (Gn 14.18-20; Sal 110.4; He 5—7).

Melsar, funcionario del rey Nabucodonosor a quienes fueron confiados Daniel y sus compañeros (Dn 1.11,16); este es posiblemente un título y no un nombre propio.

Memucán, uno de los siete príncipes del rey Azuero (Est 1.14,16,21).

Meonatai, hijo de Otoniel (1 Cr 4.14).

Merab, hija mayor del rey Saúl, prometida a David pero dada a Adriel (1 S 14.49; 18.17,19). Aparentemente era hermana de Mical.

M

Meraías, jefe de una familia de sacerdotes en tiempo de Joiacim (Neh 12.12).

Meraiot. [1] Sacerdote, descendiente de Finees (1 Cr 6.6,7,52). [2] Ascendiente de Azarías (1 Cr 9.11; Neh 11.11). [3] Ascendiente del escriba Esdras (posiblemente =No. 2 Esd 7.3). [4] Familia de sacerdotes en tiempo de Joacim (Neh 12.15).

Merari, tercer hijo de Levi y fundador de una familia de sacerdotes (Gn 46.11; Éx 6.16; 19; Nm 3; 4.29-45).

Mered, descendiente de Judá que se casó con la hija de Faraón (1 Cr 4.17-18).

Meremot. [1] Sacerdote que ayudó en la restauración del muro de Jerusalén (Esd 8.33; Neh 3.4,21; 10.5). [2] Uno de los que se casaron con mujeres extranjeras en tiempo de Esdras (Esd 10.36). [3] Sacerdote que regresó del exilio con Zorobabel (Neh 12.3).

Meres, uno de los siete príncipes del rey Asuero (Est 1.14).

Merib-baal, hijo de Jonatán (1 Cr 8.34; 9.40). Véase Mefi-boset.

Merodac-baladán, rey de Babilonia en los días de Ezequías (Jer 50.2; 2 R 20.12).

Mesa. [1] Rey de Moab que se rebeló contra Joram, rey de Israel (2 R 3.4). [2] Primogénito de Caleb (1 Cr 2.42). [3] Descendiente de Benjamín (1 Cr 8.9).

Mesac, nombre dado a Misael, compañero de Daniel, tras ser llevado a la cautividad babilónica. Fue liberado del horno de fuego ardiente (Dn 1.7; 3.12-30).

Mesec. [1] Hijo de Jafet (Gn 10.2; 1 Cr 1.5). [2] Hijo de Sem (1 Cr 1.17). [3] Descendientes de [1] o su territorio, región montañosa al norte de Asiria (Sal 20.5; Ez 27.13; 32.26; 38.2,3).

Meselemías, portero del templo. También se le llama Selemías (1 Cr 9.21; 26.1,2,9).

Mesezabeel. [1] Ascendiente de uno que ayudó en la restauración del muro de Jerusalén (Neh 3.4). [2] Firmante del pacto de Nehemías (Neh 10.21). [3] Padre de Petaías (Neh 11.24).

Mesilemit, sacerdote cuyos descendientes vivían en Jerusalén (1 Cr 9.12). También se le llama Mesilemot en Nehemías (11.13).

Mesilemot. [1] Descendiente de Efraían (2 Cr 28.12). [2] Sacerdote, ascendiente de Amasai (Neh 11.13).

Mesobab, descendiente de Simeón (1 Cr 4.34).

Mesulam. [1] Abuelo de Safán (2 R 22.3). [2] Hijo de Zorobabel (1 Cr 3.19). [3] Descendiente de Gad (1 Cr 5.13). [4] Descendiente de Benjamín (1 Cr 8.17). [5] Padre de Salú (1 Cr 9.7). [6] Ascendiente de No.5 (1 Cr 9.8). [7] Hijo de Sadoc (1 Cr 9.11; Neh 11.11). [8] Ascendiente de Adaía (1 Cr 9.12). [9] Levita contemporáneo del rey Josías (2 Cr 34.12). [10] Mensajero de Esdras (Esd 8.16). [11] Levita que se opuso a Esdras (Esd 10.29). [12] Uno de los que se casaron con mujeres extranjeras en tiempo de Esdras (posiblemente = No. 11) (Esd 10.15). [13] Hijo de Berequías (Neh 3.4,30; 6.18). [14] Uno que restauró la Puerta Vieja de Jerusalén

(Neh 3.6). [**15**] Uno que ayudó a Esdras en la lectura de la ley (Neh 8.4). [**16**] Nombre de dos firmantes del pacto de Nehemías (Neh 10.7,20). [**17**] Padre de Salú (Neh 11.7). [**18**] Nombre de dos sacerdotes en tiempo de Joiacim (Neh 12.13,16). [**19**] Portero en tiempo de Joiacim (Neh 12.25). [**20**] Príncipe de Judá en tiempo de Nehemías (Neh 12.33).

Mesulemet, mujer de Manasés y madre de Amón, reyes de Judá (2 R 21.19).

Metusael, hijo de Mehujael y padre de Lamec (Gn 4.18).

Mezaab, abuelo de Mehetabel, mujer de Hadar, octavo rey de Edom (Gn 36.39; 1 Cr 1.50).

Mibhar, uno de los treinta valientes de David (1 Cr 11.38).

Mibsam. [1] Hijo de Ismael (Gn 25.13; 1 Cr 1.29). [**2**] Descendiente de Simeón (1 Cr 4.25).

Mibzar, jefe edomita (Gn 36.42; 1 Cr 1.53).

Micael. [1] Padre de Satur (Nm 13.13). [**2**] Nombre de dos descendientes de Gad (1 Cr 5.13,14.). [**3**] Ascendiente de Asaf el cantor (1 Cr 6.40). [**4**] Descendiente de Isacar (1 Cr 7.3). [**5**] Descendiente de Benjamín (1 Cr 8.16). [**6**] Guerrero que se unió a David en Siclag (1 Cr 12.20). [**7**] Padre de Omri (1 Cr 27.18). [**8**] Hijo del rey Josafat (2 Cr 21.2). [9] Padre de Zebadías (Esd 8.8).

Micaía. [1] Propietario de un pequeño santuario privado (Jue 17.1-5). [2] Hijo de Mefi-boset (Meri-baal) (2 S 9.12; 1 Cr 8.34-35; 9.40-41). [3] Descendiente de Rubén (1 Cr 5.5). [4] Hijo de Zicri (1 Cr 9.15; 11.17). [5] Levita contemporáneo de David (1 Cr 23.20; 24.24,25). [6] Padre de Abdón (2 Cr 34.20). [7] Firmante del pacto de Nehemías (Neh 10.11).

Micaías. [1] Profeta que predijo la caída del rey Acab (1 R 22.8-28; 2 Cr 18.7-27). [2] Padre de Acbor (2 R 22.12). [3] Madre de Abías rey de Judá (2 Cr 13.2). [4] Príncipe, enviado del rey Josafat (2 Cr 17.7). [5] Ascendiente de Zacarías (Neh 12.35). [6] Sacerdote en tiempo de Nehemías (Neh 12.41). [7] Contemporáneo en tiempo de Jeremías (Jer 36.11,13).

Mical, hija del rey Saúl y mujer de David (1 S 14.49). Mical «nunca tuvo hijos hasta el día de su muerte» (2 S 6.23). No obstante, 2 Samuel 21.8 dice que tuvo cinco hijos. La traducción de RVR «los cuales ella había tenido de Adriel», es apropiada. Unos cuantos manuscritos hebreos, griegos y siríacos dicen: «los cinco hijos de Merab» en lugar de Mical, lo que parece una solución plausible a la contradicción. Véase Samuel 18.19.

Miclot. [1] Descendiente de Benjamín (1 Cr 8.32; 9.37-38). [2] Oficial del ejército de David (1 Cr 27.4).

Micnías, Levita contemporáneo de David (1 Cr 15.18,21).

Micri, descendiente de Benjamín (1 Cr 9.8).

Mijamín. [1] Sacerdote en tiempo de David (1 Cr 24.9). [2] Uno de los que se casaron con mujeres extranjeras en tiempo de Esdras (Esd 10.25). [3] Sacerdote, firmante del pacto de Nehemías (Neh 10.7). [4] Sacerdote que regreso del exilio con Zorobabel (Neh 12.5).

Milalai, levita, músico en tiempo de Nehemías (Neh 12.36).

Milca. [1] Hija de Harán, hermano de Abraham, y mujer de Nacor (Gn 11.29; 22.20,23). [2] Hija de Zelofehad (Nm 26.33; 27.1; 36.11).

Miniamim. [1] Ayudante de Coré el levita en tiempo del rey Ezequías (2 Cr 31.15). [2] Sacerdote, músico en tiempo de Nehemías (Neh 12.17,41). Posiblemente es idéntico al Mijamín de 1 Crónicas 24.9. Véase Mijamín.

Mirma, descendiente de Benjamín (1 Cr 8.10).

Misael. [1] Levita, hija de Uziel (Éx 6.22; Lv 10.4). [2] Uno de los que ayudó a Esdras en la lectura de la ley (Neh 8.4). [3] Compañero de Daniel en Babilonia (Dn 1.6-7,11,19). Véase Mesac.

Misam, descendiente de Benjamín (1 Cr 8.12).

Misma. [1] Hijo de Ismael (Gn 25.14; 1 Cr 1.30). [2] Descendiente de Simeón (1 Cr 4.25-26).

Mismana, guerrero que se unió a David en Siclag (1 Cr 12.10).

Mispar, uno que regresó del exilio con Zorobabel (Esd 2.2).

Misperet, uno que regresó del exilio con Zorobabel (Neh 7.7).

Mitrídates. [1] Tesorero del rey Ciro (Esd 1.8). [2] Uno que escribió al rey Artajerjes en contra de los judíos (Esd 4.7).

Miza, jefe edomita (Gn 36.13,17; 1 Cr 1.37).

Mizraim, segundo hijo de Cam (Gn 10.6,13; 1 Cr 1.8,11). Posiblemente se alude al pueblo egipcio.

Mnasón, «discípulo antiguo» chipriota que acompañó a Pablo desde Cesarea en su última visita a Jerusalén (Hch 21.16).

Moab, hijo de Lot, y la nación que formó su descendencia, o su territorio (Gn 19.34-37).

Moadías, familia de sacerdotes en tiempo de Joiacim (Neh 12.17).

Moisés. Nadie en el Antiguo Testamento es más heroico e influyente que el tímido y humilde

Moisés. Este liberó a los israelitas de la esclavitud egipcia, los organizó como nación, les dio los Diez Mandamientos y otras leyes que guían todavía a judíos y cristianos. Además, se le acredita haber escrito los primeros cinco libros de la Biblia.

Moisés nació en Egipto de una esclava israelita, unos cuatrocientos años después que la familia de Jacob emigró a Egipto para esca-

Dios usó a Moisés para sacar a su pueblo de la esclavitud en Egipto, incluso el cruce del mar rojo (ex 14.1-31).

Después de pasar cuarenta años en el desierto, Moisés vio la Tierra Prometida desde la cima de una montaña (Dt 34.1-4).

M

par el hambre. Cuando niño fue dejado flotando en el Nilo dentro de una cesta calafateada para salvarlo de la orden real que mandaba matar a todos los recién nacidos hebreos. La hija del rey lo encontró y lo crió. Pero a la edad de cuarenta años, Moisés huyó del país tras haber matado a un egipcio que vio golpeando a un israelita. Se fue a vivir al este de Egipto, se casó y se convirtió en pastor. Un día, mientras pastoreaba su rebaño, Dios le habló desde una zarza ardiente y le pidió que regresara a Egipto y demandara la liberación de los israelitas. De mala gana, Moisés hizo lo que Dios le había pedido.

La liberación de Israel, acompañada por muchos milagros espectaculares —las diez plagas de Egipto, la división de las aguas del Mar Rojo, el maná del cielo, el agua que brotó de las rocas— es el Éxodo, el más renombrado acontecimiento de la historia judía, que aún se conmemora cada año en una festividad religiosa.

Molid, descendiente de Judá (1 Cr 2.29).

Mosa. [1] Hija de Caleb (1 Cr 2.46). [2] Descendiente del rey Saúl (1 Cr 8.36,37; 9.42,43).

Mupim, hijo de Benjamín (Gn 46.21). También se le llama Supim (1 Cr 7.12,15; 26.16), Sufam (Nm 26.39), Sefufán (1 Cr 8.5). Estos últimos tres nombres significan «serpiente». Aunque a este individuo pueden habérsele endilgado muchos nombres, errores de copista probablemente expliquen en parte esta diversidad.

Musi, hijo de Merari, hijo de Leví (Éx 6.19; Nm 3.20; 1 Cr 6.19,47).

N

Naam, hijo de Caleb (1 Cr 4.15).

Naama. [1] Hermana de Tubal-caín (Gn 4.22). [2] Madre del rey Roboam (1 R 14.21,31; 2 Cr 12.13).

Naamán. [1] Hijo de Benjamín (posiblemente =No. 2) (Gn 46.21). [2] Hijo de Bela (Nm 26.40; 1 Cr 8.4). [3] General del ejército de Siria que fue sanado de la lepra al bañarse en el Jordán (2 R 5; Lc 4.27).

Naamán fue sanado de la lepra cuando siguió las instrucciones de Eliseo (2 R 5.1-19).

Naara, Mujer de Ausur (1 Cr 4.5-6).

Naarai, uno de los treinta valientes de David (1 Cr 11.37). Probablemente el Paarai de 2 Samuel 23.35.

Naasón, descendiente de Judá y ascendiente de Cristo. Quizás era el cuñado de Aarón (Éx 6.23; Nm 1.7; Mt 1.4).

Nabal, rico hacendado de Carmel, al sur de Hebrón, que rehusó darle comida a David y sus hombres (1 S 25).

Nabat, padre de Jeroboam I (1 R 11.26).

Nabot, propietario de Jezreel que Jezabel mató para apoderarse de su viña (1 R 21.1-18).

Nabucodonosor, gran rey de Babilonia; tres veces ocupó Jerusalén y se llevó la población de Judá al cautiverio (2 R 24.1,10-11; 25.1,8,22; Dn 1—4).

Nabusazbán, eunuco principal de Nabucodonosor (Jer 39.13).

Nabuzaradán, capitán de la guardia de Nabucodonosor en el sitio de Jerusalén (2 R 25.8,11,20).

Nacón, dueño de la era donde murió Uza (2 S 6.6).

Nacor. [1] Hijo de Serug, padre de Taré y ascendiente de Cristo (Gn 11.22-25; 1 Cr 1.26; Lc

3.34). [2] Hijo de Taré y hermano de Abraham (Gn 11.26-27; 29; 22.20; 23; Jos 24.2).

Nafis, hijo de Ismael (Gn 12.15; 1 Cr 1.31).

Naftuhim, hijo de Mizraim (Gn 10.13; 1 Cr 1.11). Muchos piensan que se alude a un distrito de Egipto; posiblemente se designa un pueblo del delta del Nilo.

Nahat. [1] Hijo de Reuel (Gn 36.13,17; 1 Cr 1.37). [2] Levita (1 Cr 6.26). [3] Mayordomo del rey Ezequías (2 Cr 31.13).

Nahbi, espía de la tribu de Neftalí que Moisés envió a explorar Canaán (Nm 13.14).

Nahum. [1] uno de los últimos profetas; predijo el sitio y la caída de Nínive (Nah 1.1). [2] Ascendiente de Jesucristo (Lc 3.25).

Narciso, cristiano al que Pablo saludó (Ro 16.11).

Natán. [1] Hijo de David y ascendiente de Jesucristo (2 S 5.14; 1 Cr 3.5; 14.4; Zac 12.12; Lc 3.31). [2] Profeta y consejero real de David (2 S 7.2-17; 12.1-25). [3] Padre de Igal (2 S 23.36). [4] Padre de Azarías (1 R 4.5). [5] Padre de Zabud (1 R 4.5). [6] Descendiente de Judá (1 Cr 2.36). [7] Hermano de Joel (1 Cr 11.38). [8] Enviado de Esdras (Esd 8.16). [9] Uno de los que se casaron con mujeres extranjeras en tiempo de Esdras (Esd 10.30).

Natanael. [1] Príncipe de la tribu de Isacar (Nm

1.8; 2.5). [2] Hijo de Isaí y hermano de David (1 Cr 2.14). [3] Sacerdote en tiempo de David (1 Cr 15.24). [4] Levita, padre de Semaías (1 Cr 24.6). [5] Levita, portero del templo (1 Cr 26.4). [6] Príncipe de Judá bajo el rey Josafat (2 Cr 17.7). [7] Levita del tiempo del rey Josías (2 Cr 35.9). [8] Sacerdote de entre los que se casaron con mujeres extranjeras en tiempo de Esdras (Esd 10.22). [9] Jefe de una casa de sacerdotes en tiempo de Joiacim (Neh 12.21). [10] Sacerdote en tiempo de Nehemías (Neh 12.36). [11] Discípulo de Jesucristo (Jn 1.45-49; 21.2; Hch 1.13). Se trata probablemente de Bartolomé. Véase también Bartolomé.

Natán-melec, eunuco bajo el rey Josías (2 R 23.11).

Nearías. [1] Descendiente de Judá (1 Cr 3.22,23). [2] Capitán militar bajo el rey Ezequías que, junto a otros, comandó las fuerzas que aniquilaron a los amalecitas (1 Cr 4.42).

Nebai, firmante del pacto de Nehemías (Neh 10.19).

Nebaiot, primogénito de Ismael (Gn 25.13; 28.9; 36.3; 1 Cr 1.29).

Nebo, ascendiente de judíos que tomaron mujeres extranjeras durante el exilio (Esd 10.43).

Esta referencia muy posiblemente alude a una ciudad.

Necao, faraón egipcio que combatió contra Josías en Megido (2 Cr 35.20).

Necoda. [1] Padre de una familia de sirvientes del templo (Esd 2.48; Neh 7.50). [2] Ascendiente de algunos que no pudieron demostrar su linaje (Esd 2.60; Neh 7.62).

Nedabías, hijo de Jeconías, rey de Judá (1 Cr 3.18).

Nefeg. [1] Levita, hijo de Izhar (Éx 6.21). [2] Hijo de David (2 S 5.15; 1 Cr 3.7; 14.6).

Nefisesim, ascendiente de una familia de sirvientes del templo (Neh 7.52). Se le llama Nefusim en Esdras 2.50.

Neftalí, sexto hijo de Jacob, y la tribu que formó su posteridad (Gn 30.7-8).

Nefusim. Véase Nefisesim.

Nehemías. [1] Jefe entre los que regresaron del exilio con Zorobabel (Esd 2.2; Neh 7.7). [2] Gobernador de Jerusalén bajo el rey Artajerjes (Neh 1.1; 8.9; 12.47). [3] Uno de los que ayudó en la restauración del muro de Jerusalén (Neh 3.16).

Nehum, jefe entre los que regresaron del exilio con Zorobabel (Neh 7.7). Véase Rehum.

Nehusta, esposa de Joacim y madre de Joaquín (2 R 24.8).

Nemuel. [1] Descendiente de Rubén (Nm 26.9). [2] Hijo de Simeón (Nm 26.12; 1 Cr 4.24). Se le llama Jemuel en Génesis 46.10 y Éxodo 6.15.

Ner. [1] Un tío (?) de Saúl, padre de Abner (1 S 14.50). [2] Abuelo de Saúl (1 Cr 8.33; 9.39). Estas relaciones no están claras. Puede que Abner haya sido tío de Saúl. En ese caso, Ner [1] y [2] son la misma persona. También se le llama Abiel en 1 Samuel 9.1. Es asimismo posible que Ner [2] (Abiel) haya tenido hijos nombrados Ner [1] y Cis, el padre de Saúl.

Nereo , cristiano al que Pablo saludó (Ro 16.15).

Nergal-sarezer, príncipe babilonio que liberó a Jeremías (Jer 39.3,13-14).

Neri, ascendiente de Cristo (Lc 3.27).

Nerías, padre de Baruc y Seraías, ayudantes del profeta Jeremías (Jer 32.12, 16; 36.4,8,32).

Netanías. [1] Padre de Ismael, el victimario de Gedalías (Jer 40.8,14-15; 41.11). [2] Levita, cantor (1 Cr 25.2,12). [3] Padre de Jehudi (Jer 36.14). [4] Levita enviado a enseñar en las ciudades de Judá por el rey Josafat (2 Cr 17.8).

Nezía, padre de una familia de sirvientes del templo que retornó a Jerusalén con Zorobabel (Esd 2.54; Neh 7.56).

Nicanor, uno de los siete diáconos escogidos para ministrar a los pobres (Hch 6.5).

Nicodemo, fariseo y principal de los judíos que asistió al entierro de Jesucristo (Jn 3.1-15; 7.50-52; 19.39-42).

Níger, uno del grupo de profetas y maestros en la iglesia de Antioquía (Hch 13.1). Sobrenombre de Simón (véase también).

Nimrod, hijo de Cus (Gn 10.8-9; 1 Cr 1.10). Su reino incluía Babel, Erec y Acad, ciudades de Sinar (Mesopotamia), pero también incluía Asiria.

Nimsi, padre o abuelo del rey Jehú (1 R 19.16; 2 R 9.2,14,20; 2 Cr 22.7).

Ninfas, cristiana de Laodicea saludada por Pablo (Col 4.15). Algunos manuscritos dicen Nimfa, lo que identifica a esta persona como una mujer.

Noa, hija de Zelofehad (Nm 26.33; Jos 17.3).

Noadías. [1] Levita a quien Esdras confió los sagrados vasos del templo (Esd 8.33). [2] Profetisa que se opuso a Nehemías (Neh 6.14).

Noba, descendiente de Manasés que conquistó Kenat (Nm 32.42).

Noé, hijo de Lamec; patriarca escogido para construir el arca. Solo su familia sobrevivió el diluvio (Gn 5.28-32; 6.8-22; 7—10). Está entre los ascendientes de Cristo (Lc 3.36).

Noemí, suegra de Rut (Rut 1.2—4.17).

Noga, hijo de David (1 Cr 3.7; 14.6).

Noha, hijo de Benjamín (1 Cr 8.2).

Nun, padre de Josué (Éx 3.11; 1 R 16.34; 1 Cr 7.27).

Obadías. [1] Jefe de la tribu de Isacar (1 Cr 7.3). [2] Descendiente de Benjamín (1 Cr 8.38; 9.44). [3] Levita que regresó del exilio (1 Cr 9.16). Véase Abda. [4] Oficial del ejército de David (1 Cr 12.9). [5] Sacerdote que regresó del exilio con Esdras (Esd 8.9). [6] Firmante del pacto de Nehemías (Neh 10.5). [7] Portero del templo en tiempo de Joiacim (Neh 12.25).

Obal, hijo de Joctán (Gn 10.28). Véase Ebal.

Obed. [1] Hijo de Booz y Rut, padre de Isaí y ascendiente de Cristo (Rt 4.17; Mt 1.5; Lc 3.32). [2] Descendiente de Judá (1 Cr 2.37-38). [3] Uno de los valientes de David (1 Cr 11.47). [4] Portero en el templo de Salomón (1 Cr 26.7). [5] Padre de Azarías hijo de Obed (2 Cr 15.1,8). [6] Padre de Azarías hijo de Jeroham (2 Cr 23.1). [7] Profeta en tiempo de Peka, rey de Israel (2 Cr 28.9).

Obed-edom. [1] Geteo en cuya casa dejó David el arca durante tres meses (2 S 6.10-12; 1 Cr 13.13-14). [2] Portero y músico en el templo (1 Cr 15.18, 21,24; 16.5,38). [3] Portero del templo (1 Cr 26.4,5,8,15). [4] Tesorero del templo en tiempo de Amasías, rey de Judá (2 Cr 25.24).

Obil, descendiente de Ismael que cuidaba los camellos de David (1 Cr 27.30).

Ocozías. [Azarías]. [1] Octavo rey de Israel. Fue un rey débil e idólatra (1 R 22.51; 2 R 1.18). [2] Sexto rey de Judá; reinó solamente un año (2 Reyes 8.24-29; 9.16). También se le conoce como Joacaz (2 Cr 21.17; 25.23). Algunas versiones erróneamente lo llaman Azarías en 2 Crónicas 22.3; en más de quince manuscritos hebreos y en todas las versiones recientes se lee Ocozías. Véase Joacaz.

Ocrán, padre de Pagiel, príncipe de Aser (Nm 1.13; 2.27).

Ofir. [1] Hijo de Joctán (Gn 10.29; 1 Cr 1.23). Posiblemente el nombre alude a una tribu que habitaba en el territorio de la actual Somalia.

Ofni, hijo de Elí muerto en la batalla de Afec (1 S 1.3; 2.22-24,34).

Ofra, descendiente de Judá (1 Cr 4.14).

Og , rey amorreo en Basán, derrotado en Edrei (Nm 21.33-35; Dt 3.1-13).

Ohad, hijo de Simeón (Gn 46.10; Éx 6.15).

Ole, hijo de Zorobabel y descendiente del rey David (1 Cr 3.20).

Olimpas, cristiano al que Pablo saludó (Ro 16.15).

Omar, jefe edomita hijo de Elifaz (Gn 36.15).

Omri. [1] Sexto rey de Israel y fundador de la tercera dinastía; hizo de Samaria la capital de Israel (1 R 16.15-28). [**2**] Descendiente de Benjamín hijo de Bequer (1 Cr 7.8). [**3**] Descendiente de Judá (1 Cr 9.4). [**4**] Jefe de la tribu de Isacar en tiempo del rey David (1 Cr 27.18).

On , rubenita que se rebeló contra Moisés (Nm 16.1).

Onam. [1] Descendiente de Seir horeo (Gn 36.23; 1 Cr 1.40). [**2**] Descendiente de Jerameel (1 Cr 2.26,28).

Onán, segundo hijo de Judá, muerto por desobedecer a Dios (Gn 38.4-10; Nm 26.19).

Onesíforo, leal amigo de Pablo que muchas veces lo confortó en la cárcel (2 T 1.16; 4.19).

Onésimo, esclavo en cuyo favor Pablo escribió una epístola a Filemón, su amo (Col 4.9; Flm 10, 15).

O

Oreb, príncipe madianita ejecutado por Gedeón (Jue 7.25).

Orén, hijo de Jerameel (1 Cr 2.25).

Orfa, nuera de Noemí (Rut 1.4-14).

Ornán, jebuseo que vendió su era al rey David. Allí se construyó el templo de Salomón (1 Cr 21.15-25). Se le llama Arauna en 2 Samuel 24.16.

Osaías. [1] Príncipe de Judá en tiempo de Nehe-

Onésimo, un esclavo fugitivo, llevó un mensjae de parte de Pablo a su amo, Filemón (Flm 1-25).

mías (Neh 12.32). **[2]** Padre de Jeremías (=Azarías) (Jer 42.1; 43.2).

Oseas. [1] Josué No. 1; ayudante y sucesor de Moisés (Nm 13.16). **[2]** Último rey de Israel, apresado por Sargón de Asiria (2 R 15.30; 17.1,4,6; 18.1). **[3]** Efrainita, funcionario del rey David (1 Cr 27.20). **[4]** Firmante del pacto de Nehemías (Neh 10.33). **[5]** Profeta que denunció la idolatría de Israel y Samaria (Os 1.1-2).

Otni, hijo de Semaías y portero del templo en tiempo de David (1 Cr 26.7).

Otoniel, hermano menor de Caleb que liberó a Israel de la dominación extranjera (Jue 1.13; 3.8-11; 1 Cr 27.15).

Ozem. [1] Hermano del rey David (1 Cr 2.15). [2] Hijo de Jerameel (1 Cr 2.25).

Ozni, descendiente de Gad (Nm 26.16).

O

Paarai, uno de los 30 valientes de David (2 S 23.35); probablemente es el Naarai de 1 Crónicas 11.37.

Pablo. El principal responsable, después de Jesús, de los orígenes de la cristiandad fue este celoso judío que llevó la historia de Jesús por los caminos del mundo antiguo a lo largo de dieciséis mil kilómetros y escribió más de una

Mucho del Nuevo Testamento consiste de cartas que Pablo escribió a iglesias o individuos (Véase Flp 1.1-29).

cuarta parte del Nuevo Testamento. El libro de Hechos relata sus viajes.

Más que ningún otro, Pablo contribuyó a transformar una religión formada por judíos en una religión integrada por una mayoría de no judíos. En los primeros días de la Iglesia, si se quería ser cristiano había que ser judío. Si no habías nacido judío, era necesario convertirse y estar dispuesto a guardar todos los preceptos del Antiguo Testamento, incluyendo uno doloroso para los hombres adultos: la circuncisión. A los judíos se les concedía plena participación sin tener que obedecer las leyes judías. Pablo argumentaba que las leyes del Antiguo Testamento eran parte del viejo pacto de Dios con la humanidad. La muerte y resurrección de Jesús marcó el comienzo del nuevo pacto de Dios, profetizado por Jeremías: «Daré mi ley en su mente, y la escribiré en su corazón» (Jer 31.33).

Pablo fue frecuentemente asaltado y arrestado. Su arresto final, en Roma, condujo a su ejecución. Como ciudadano romano, Pablo tenía el derecho a una muerte repentina y probablemente fue decapitado.

Padón, padre de una familia de sirvientes del templo (Esd 2.44; Neh 7.47).

Pagiel, príncipe de la tribu de Aser (Nm 1.13; 2.27).

Pahat-moab. [1] «Gobernador de Moab», cuya descendencia figura entre los que regresaron del cautiverio (Esd 2.6; Neh 3.11). [2] Firmante del pacto de Nehemías (Neh 10.14).

Palal, uno que ayudó en la restauración del muro de Jerusalén (Neh 3.25).

Palti. [1] Uno de los doce espías (Nm 13.9). [2] Hijo de Lais (1 S 25.44). Véase Paltiel No.2.

Paltiel. [1] Príncipe de la tribu de Isacar (Nm 34.26). [2] Hijo de Lais (2 S 3.15). Véase Palti No. 2.

Parmasta, hijo de Amán (Est 9.9).

Parmenas, uno de los siete diáconos (Hch 6.5).

Parnac, padre de Elizafán (Nm 34.25).

Paros. [1] Padre de una familia de los que regresaron del exilio (Esd 2.3; 8.7; 10.25; Neh 7.8). [2] Firmante del pacto de Nehemías (Neh 10.14).

Parsandata, hijo de Amán (Est 9.7).

Parúa, padre de Josafat (1 R 4.17).

Pasac, descendiente de Aser (1 Cr 7.33).

Paseah. [1] Descendiente de Judá (1 Cr 4.12). [2] Jefe de una familia de sirvientes del templo (Esd 2.49; Neh 7.51). [3] Padre de Joiada (Neh 3.6).

Pasur. [1] Príncipe bajo el rey Sedequías (posiblemente = No.4) (1 Cr 9.12; Neh 11.12; Jer 21.1; 38.1). [2] Padre de una familia de sacerdotes que regresó del exilio (Esd 2.38; 10.22; Neh 7.41). [3] Sacerdote que firmó el pacto de Nehemías (Neh 10.3). [4] Sacerdote que persiguió al profeta Jeremías (posiblemente = No.1) (Jer 20.1-6).

Patrusim, descendiente de Mizraim (Gn 10.14; 1 Cr 1.12). Posiblemente los habitantes de Patros.

Patrobas, cristiano saludado por Pablo (Ro 16.14).

Pedael, príncipe de la tribu de Neftalí (Nm 34.28).

Pedasur, padre de Gamaliel (Nm 1.10; 2.20; 7.54,59; 10.23).

Pedaías. [1] Padre de Zebuda, madre del rey Joacim (2 R 23.36). [2] Padre (o tío) de Zorobabel (1 Cr 3.18-19). [3] Padre de Joel (1 Cr 27.20). [4] Uno que ayudó en la restauración del muro de Jerusalén (Neh 3.25). [5] Uno de los que ayudó a Esdras en la lectura de la ley (Neh 8.4). [6] Ascendiente de Salú (Neh 11.7). [7] Levita, tesorero del templo (Neh 13.13).

Pedro. Principal discípulo de Jesús, Pedro es famoso por tratar de caminar sobre el agua y hundirse. Irónicamente, su nombre era Si-

El sermón de Pedro en Pentecostés marcó el comienzo de la extensión de la Iglesia (Hch 2.14-47).

món hasta que Jesús lo llamó Pedro, que significa «roca». Jesús no estaba haciendo una broma; el nuevo nombre quería enfatizar la sólida devoción de Pedro por el Señor. Pedro demostró de manera palpable esta cualidad cuando Jesús fue arrestado: le cortó una oreja a uno de los hombres que participó en la acción.

Pedro y su hermano Andrés eran pescadores cuando Jesús los invitó a convertirse en sus discípulos. Enérgico y decidido, Pedro se impuso como líder del grupo; frecuentemente le hablaba a Jesús en nombre de los demás y prometía defenderlo hasta la muerte. Infortunadamente, Pedro también se destacó por su cobardía. Mientras se juzgaba a Jesús, Pedro esperó afuera y negó tres veces conocer al Señor.

Después que el Jesús resucitado ascendió al cielo, un Pedro recuperado dirigió la emergente iglesia cristiana. Predicó el primer sermón, que produjo tres mil conversos, y defendió a los cristianos delante de los mismos líderes judíos que habían juzgado a Jesús.

Dos cartas del Nuevo Testamento llevan el nombre de Pedro y antiguos escritores cristianos dicen que sus sermones constituyeron la fuente del Evangelio de Marcos. Estos escritores añaden que Pedro fue crucificado de cabeza en Roma, cuando la persecución de Nerón contra los cristianos, en lo que ahora se conoce como la colina Vaticana.

Peka, usurpador del trono de Israel, asesino y sucesor de Pekaía (2 R 15.25-31).

Pekaía, hijo y sucesor de Menahem al trono de Israel. Peka lo asesinó (2 R 15.22-26).

Pelaía, levita que ayudó a Esdras en la lectura de la ley (Neh 8.7).

Pelaías. [1] Descendiente de David (1 Cr 3.24). [2] Firmante del pacto de Nehemías (Neh 10.10).

Pelalías, sacerdote en tiempo de Esdras (Neh 11.12).

Pelatías. [1] Descendiente de David (1 Cr 3.21). [2] Capitán de los hijos de Simeón (1 Cr 4.42). [3] Firmante del pacto de Nehemías (Neh 10.22). [4] «Principal del pueblo» en tiempo de Ezequiel (Ez 11.1,13).

Peleg, hijo de Eber y ascendiente de Cristo (Gn 10.25; 11.16; Lc 3.35).

Pelet. [1] Padre de On (Nm 16.1). [2] Descendiente de Jerameel (1 Cr 2.33). [3] Descendiente de Caleb (1 Cr 2.47). [4] Benjamita que se unió a David en Siclag (1 Cr 12.3).

Penina, segunda mujer de Elcana, padre de Samuel (1 S 1.2,4).

Penuel, descendiente de Judá (1 Cr 4.4).

Peniel, descendiente de Benjamín (1 Cr 8.25).

Peres, hijo de Maquir hijo de Manasés (1 Cr 7.16).

Perida, padre de una familia de siervos de Salomón (= Peruda) (Neh 7.57).

Pérsida, cristiana saludada por Pablo (Ro 16.12).

Peruda, padre de una familia de siervos de Salomón (= Perida) (Esd 2.55).

Petaías. [1] Padre de una familia de sacerdotes (1 Cr 24.16). [2] Uno de los que se casaron con mujeres extranjeras en tiempo de Esdras (Esd 10.23). [3] Levita que ayudó a Esdras en la lectura de la ley (Neh 9.5). [4] Consejero de Zorobabel (Neh 11.24).

Petuel, padre del profeta Joel (Jl 1.1).

Peultai, hijo de Obed-edom y portero del templo en tiempo de David (1 Cr 26.5).

Pilato. Véase Poncio Pilato.

Pildas, hijo de Nacor, el hermano de Abraham (Gn 22.22).

Pilha, firmante del pacto de Nehemías (Neh 10.24).

Piltai, sacerdote en tiempo de Joiacim (Neh 12.17).

Pinón, jefe de Edom (Gn 36.41; 1 Cr 1.52).

Piream, rey amorreo de Jarmut (Jos 10.3).

Pispa, descendiente de Aser (1 Cr 7.38).

Pitón, hijo de Micaía y nieto del rey Saúl (1 Cr 8.35).

Poqueret-hazebaim, uno cuyos hijos retornaron del exilio (Esd 2.57; Neh 7.59).

Poncio Pilato, procurador romano de Judea. Cuando trajeron a Cristo ante su presencia para ser juzgado, Pilato, temiendo a los judíos, lo entregó a la multitud a pesar de que no lo encontró culpable (Mt 27.2-24; Jn 18.28-40).

Porata, hijo de Amán muerto por los judíos (Est 9.8).

Porcio Festo, procurador romano (Hch 24.27).

Potifar, capitán de la guardia del Faraón egipcio que se convirtió en amo de José (Gn 37.36; 39).

Potifera, sacerdote de On; suegro de José (Gn 41.45,50).

Prisca, forma abreviada de Priscila (véase también).

Priscila, esposa de Aquila; judía cristiana profundamente leal a su fe (Hch 18.2,18,26; Ro 16.3).

Prócoro, uno de los siete diáconos (Hch 6.5).

Publio, gobernador de Malta que recibió con cortesía a Pablo y a sus acompañantes cuando naufragaron (Hch 28.1-10).

Pudente, cristiano en Roma (2 Ti 4.21).

Pul. Véase Tiglat-pilezer.

Put. Véase Fut.

Q

Queros, ascendiente de una familia que regresó del exilio a la tierra de Israel (Esd 2.44; Neh 7.47).

Quisi, padre de Etán, también conocido como Cusaías (1 Cr 6.44; 15.17).

Quitim, hijo de Javán (Gn 10.4; 1 Cr 1.7). Posiblemente el nombre alude a los habitantes de Chipre y las islas vecinas.

Quedorlaomer, rey de Elam que hizo la guerra contra Sodoma y Gomorra (Gn 14.1-24).

Quelal, uno de los que se casaron con mujeres extranjeras durante el exilio (Esd 10.30).

Quelión, hijo de Noemí y esposo de Orfa (Rt 1.2,5).

Quelub. [1] Descendiente de Judá (1 Cr 4.11). [2] Padre de Ezri (1 Cr 27.26).

Quelúhi, uno de los que se casaron con mujeres extranjeras durante el exilio (Esd 10.35).

Quenaana. [1] Hijo de Bilhán (1 Cr 7.10). [2] Padre del falso profeta Sedequías (1 R 22.11,24).

Quenani, levita en tiempo de Esdras (Neh 9.4).

Quenanías. [1] Principal de los levitas cuando David trajo el arca del pacto al templo (1 Cr 15.22; 27). [2] Oficial de David (1 Cr 26.29). Véase también Conanías.

Querán, hijo de Disón (Gn 36.26).

Quesed, hijo de Nacor y Milca y sobrino de Abraham (Gn 22.22).

Quileab, hijo de David (2 S 3.3); probablemente llamado Daniel también (1 Cr 3.1).

Quimam, amigo y partidario político de David (2 S 19.37-38,40; Jer 41.17).

Quislón, príncipe de la tribu de Benjamín (Nm 34.21).

Raama, hijo de Cus (Gn 10.7; 1 Cr 1.9). Posiblemente una referencia a los habitantes de un lugar en el sudoeste de Asia.

Raamías, uno que regresó del cautiverio con Zorobabel (Neh 7.7). En Esdras 2.2 se le llama Reelaías.

Rabmag, título de un funcionario de Babilonia. No está claro si se trata de una posición religiosa o gubernamental (Jer 39.3,13). Nergal-sarezer de Babilonia llevó este título.

Rabasaris. No se trata de un nombre propio, sino de una posición oficial en los gobiernos asirio y babilónico. Su naturaleza exacta se desconoce (Jer 39.3,13; 1 R 18.17).

Rabsaces, título de un funcionario en el gobierno asirio. Su función exacta se desconoce, pero se sugiere que podría ser un jefe militar o gobernador de las provincias asirias al este de Harán (2 R 18.17-28; 19.4,8).

Raquel, hija de Labán, mujer de Jacob, y madre de José y Benjamín (Gn 29-35).

Radai, quinto hijo de Isaí de Belén (1 Cr 2.14).

Rafael, portero del templo en tiempo de David (1 Cr 26.7).

Ragau, ascendiente de Jesucristo (Lc 3.35). Véase también Reu.

Ragüel, suegro de Moisés (Nm 10.29). Véase también Jetro.

Rahab, la ramera de Jericó que ayudó a los espías hebreos y se convirtió en ascendiente de Cristo (Jos 2.1-21; 6.17-25; Mt 1.5).

Raham, descendiente de Caleb (1 Cr 2.44).

Ram. [1] Ascendiente del rey David (Rut 4.19; 1 Cr 2.9,10). [2] Hijo de Jerameel (1 Cr 2.25,27). [3] Ascendiente de Eliú (Job 32.2).

Ramía, uno de los que se casaron con mujeres extranjeras en tiempo de Esdras (Esd 10.25).

Ramot, uno de los que se casaron con mujeres extranjeras en tiempo de Esdras (Esd 10.29).

Rafa. [1] Quinto hijo de Benjamín (1 Cr 8.2). Se le llama Refaías en 1 Cr 9.43. [2] Descendiente del rey Saúl (1 Cr 8.37).

Rafú, padre de Palti, uno de los espías enviados a Canaán (Nm 13.9).

Reaía. [1] Descendiente de Judá (1 Cr 4.2), quizás el Haroe de 1 Crónicas 2.52. [2] Descendiente de Rubén (1 Cr 5.5). [3] Jefe de una familia de sirvientes del templo que regresaron del exilio (Esd 2.47; Neh 7.50).

Reba, uno de los cinco príncipes de Madián derrotados por Moisés (Nm 31.8; Jos 13.21).

Rebeca, mujer de Isaac y madre de Jacob y Esaú (Gn 22.23; 24—28).

Recab. [1] Uno de los dos asesinos de Is-boset (2 S 4.2,5-9). [2] Padre de Jonadab y fundador de una tribu llamada recabita (2 R 10.15; 2 Cr 2 .55; Jer 35). [3] Uno que ayudó a reconstruir el muro de Jerusalén (Neh 3.14).

Reelaías, uno que regresó del exilio con Zorobabel (Esd 2.2).

Refa, descendiente de Efraín (1 Cr 7.25).

Refaías. [1] Descendiente de David (1 Cr 3.21). [2] Descendiente de Simeón (1 Cr 4.42). [3] Guerrero de la tribu de Isacar (1 Cr 7.2). [4] Descendiente del rey Saúl (1 Cr 9.43). [5] Uno que ayudó en la restauración del muro de Jerusalén (Neh 3.9).

Regem, descendiente de Caleb (2 Cr 2.47). Véase Regem-melec.

Regem-melec, enviado del pueblo de Bet-el para consultar a los sacerdotes (Zac 7.2). Algunas autoridades no consideran esto un nombre propio, sino que traducen: «Sarezer, el amigo del rey».

Rehabías, hijo mayor de Eliezer y nieto de Moisés (1 Cr 23.17; 26.25).

Rehob. [1] Padre de Hadad-eser, rey de Soba (2 S 8.3,12). [2] Levita que firmó el pacto de Nehemías (Neh 10.11).

Rehum. [1] Uno que regresó de Babilonia con Zorobabel (Esd 2.2; Neh 12.3). [2] Canciller de Artajerjes, monarca de Persia (Esd 4.8,17). [3] Levita que ayudó a reparar la muralla de Jerusalén (Neh 3.17). [4] Firmante del pacto de Nehemías (Neh 10.25).

Rei, oficial entre «los grandes de David» (1 R 1.8).

Remalías, padre de Peka rey de Israel (2 R 15.25-37). Quizás este no sea un nombre propio, sino un apodo relacionado con el pobre origen de Peka. slur

Requem. [1] Uno de los cinco reyes de Madián derrotados por Moisés (Nm 31.8; Jos 13.21). [2] Dos descendientes de Caleb (1 Cr 2.43,44). [3] Nieto de Manasés (1 Cr 7.16).

Resa, ascendiente de Jesucristo (Lc 3.27).

Resef, descendiente de Efraín (1 Cr 7.25).

Reu, hijo de Peleg y padre de Serug (Gn 11.18-21; Lc 3.35). Véase Ragau.

Reuel. [1] Hijo de Esaú y Basemat (Gn 36.4,10,13,17; 1 Cr 35,37). [2] Suegro de Moisés (Éx 2.28). [3] Padre de Eliasaf (Nm 2.14). [4] Descendiente de Benjamín (1 Cr 9.8). Véanse Jetro [2] y Deuel.

Reúma, concubina de Nacor (Gn 22.24).

Rezia, guerrero de la tribu de Aser (1 Cr 7.39).

Rezin. [1] Rey de Damasco en tiempo de Ahaz y Peka (2 R 15.37; 16.5-10). [2] Padre de una familia de sirvientes del templo que retornó de la cautividad babilónica (Esd 2.48; Neh 7.50).

Rezón, príncipe arameo adversario de Salomón (1 R 11.23).

Ribai, padre de Itai, uno de los valientes de David (2 S 23.29; 1 Cr 11.31).

Rimón, padre de Baana y Recab, asesinos de Is-boset (2 S 4.2,5,9).

Rifat, hijo de Gomer y nieto de Jafet (Gn 10.3; 1 Cr 1.6). Un copista escribió Difat equivocadamente en el texto hebreo de 1 Crónicas 1.6. Se trata posiblemente de una referencia a los pelasgos del Mar Negro.

Rina, descendiente de Judá (1 Cr 4.20).

Rizpa, concubina del rey Saúl (2 S 3.7; 21.8-11).

Roboam, hijo y sucesor de Salomón. Cuando llegó al trono, diez tribus se rebelaron en su contra y entonces él estableció el reino sureño de Judá (1 R 11.43; 12; 14). Fue ascendiente de Cristo (Mt 1.7).

Rode, muchacha en la casa de María (Hch 12.13).

Rohga, descendiente de Aser (1 Cr 7.34).

Romanti-ezer, levita hijo de Henán, músico en tiempo de David (1 Cr 25.4, 31).

Ros, hijo de Benjamín (Gn 46.21).

Rubén, primogénito de Jacob y Lea; perdió su primogenitura al pecar contra su padre (Gn

29.32; 35.22; 37.29). Sus descendientes formaron una de las doce tribus de Israel.

Rufo. [1] Hijo de Cirene (Mr 15.21). Era probablemente bien conocido a aquellos para quienes
Marcos escribió su Evangelio. [**2**] Cristiano de
Roma saludado por Pablo (Ro 16.13); algunos
lo identifican con [1].

Rut, mujer moabita, esposa de Mahlón y Booz,
bisabuela del rey David y ascendiente de Cristo (Rut 1.4-5,14-16; 4.10; Mt 1.5).

La fiel ayuda de Rut a su suegra Noemí captó la atención de Booz (Rut 2.1-23).

Saaf, nombre de dos descendientes de Caleb (1 Cr 2.47,49).

Saasgaz, eunuco del rey Azuero (Est 2.14).

Sabdi. [1] Ascendiente de Acán (Jos 7.1,17-18); llamado Zimri en 1 Crónicas 2.6. [2] Descendiente de Benjamín (1 Cr 8.19). [2] Funcionario del rey David (1 Cr 27.27). [4] Descendiente de Asaf (Neh 11.17); llamado también Zicri (1 Cr 9.15) y Zacur (1 Cr 25.2,10; Neh 12.35).

Sabetai, levita principal en tiempo de Esdras y Nehemías (Esd 10.15; Neh 8.7; 11.16).

Sabta, tercer hijo de Cus (Gn 10.7; 1 Cr 1.9). Posiblemente se alude a un pueblo del sur de Arabia.

Sabteca, quinto hijo de Cus (Gn 10.7; 1 Cr 1.9). Posiblemente se alude a un pueblo del sur de Arabia.

Sacar. [1] Padre de uno de los valientes de David (1 Cr 11.35). Se le llama Sarar en 2 Samuel 23.33. [2] Levita, portero del templo en tiempo de David (1 Cr 26.4).

Sadoc. [1] Sacerdote en tiempo del rey David (2 S 8.17; 1 R 1.8; 1 Cr 6.8). [2] Abuelo del rey Jotam (2 R 15.33; 2 Cr 27.1). [3] Descendiente de [1] (1 Cr 6.12; 9.11; Neh 11.11). [4] «Joven valiente» que se unió a David en Hebrón (1 Cr 12.28). [**5**] Nombre de dos que ayudaron en la restauración del muro de Jerusalén (Neh 3.4,29). [**6**] Firmante del pacto de Nehemías (Neh 10.21). [**7**] Escriba en tiempo de Nehemías (Neh 13.13). [**8**] Ascendiente de Jesucristo (Mt 1.14).

Sadrac, nombre dado a Ananías en Babilonia. Fue echado a un horno de fuego ardiendo y rescatado (Dn 1.7; 3).

Sadrac, Mesac y Abed-nego se paseaban por el horno ardiendo del rey, acompañados por un cuarto hombre que era «como el Hijo de Dios» (Dn 3.19-25).

Saf, gigante al que Sibecai mató (2 S 21.18). En 1 Cr 20.4 se le llama Sipai.

Safán. [1] Escriba de Josías que le leyó al rey la ley (2 R 22.3; 2 Cr 34.8-21). [2] Padre de Ahicam y de Elasa (2 R 22.12; 2 Cr 34.20; Jer 29.3). [3] Jefe de la tribu de Gad (1 Cr 5.12). [4] Padre de Jaazanías a quien Ezequiel vio en una visión (Ez 8.11). Muchos especialistas consideran que todos los anteriores son la misma persona.

Safat. [1] Uno de los doce espías de José (Nm 13.5). [2] Padre del profeta Eliseo (1 R 19.16,19; 2 R 3.11; 6.31). [3] Descendiente del rey David (1 Cr 3.22). [4] Jefe de la tribu de Gad en Basán (1 Cr 5.12). [5] Ganadero del rey David (1 Cr 27.29).

Safira, deshonesta mujer de Ananías que cayó fulminada por haber mentido a Dios (Hch 5.1-10).

Sage, padre de Jonatán (1 Cr 11.34).

Saharaim, descendiente de Benjamín que fue a Moab (1 Cr 8.8).

Sala, hijo de Arfaxad y ascendiente de Cristo (Gn 10.24; 11.12; Lc 3.35). Se le llama Sela en 1 Cr 1.18,24.

Salaf, padre de uno que ayudó a reconstruir el muro de Jerusalén (Neh 3.30).

S

Salai. [1] Benjaminita en Jerusalén en tiempo de Nehemías (Neh 11.8). [2] Sacerdote que regresó del exilio con Zorobabel (Neh 12.20). Se le llama Salú en Nehemías 12.7.

Salatiel, padre de Zorobabel (1 Cr 3.17; Esd 3.2,8; 5.2; Neh 12.1; Hag 1.1, 12,14; 2.2,23; Mt 1.12; Lc 3.27).

Salma, descendiente de Caleb (1 Cr 2.52,54).

Salmai, padre de una familia de sirvientes del templo (Esd 2.46; 7.48).

Salmán (=Salmanasar), rey de Asiria que hizo de Oseas, rey de Israel, su siervo (Os 10.14). Salmanasar o Sargón, su sucesor, fueron los reyes que sometieron a Samaria tras un largo asedio (2 R 17.6; 18.9).

Salmón. [1] Padre de Booz y ascendiente de Cristo (Rut 4.20-21; Mt 1.4-5; Lc 3.32). [2] Uno de los treinta valientes de David (2 S 23.28).

Salomé. [1] Una de las mujeres que presenció la crucifixión (Mr 15.40; 16.1). Mateo 27.56 menciona que la madre de los hijos de Zebedeo estaba presente en ese momento; probablemente se trataba de Salomé. Juan 19.25 menciona a la hermana de la madre de Jesús entre los que se encontraban cerca de la cruz; algunos especialistas la identifican con Salomé, pero otros lo niegan. [2] La hija de Herodías que danzó ante Herodes (Mt 14.6; Mr 6.22). El historiador Josefo dice que la hija de Herodías se llamaba Salomé.

Salomón, hijo de David con Betsabé y rey de un Israel fuerte y unido durante cuarenta años. Su sabiduría y pecados carnales sobresalen en su multiforme personalidad (1 R 1.11; 2.11). Fue ascendiente de Cristo (Mt 1.6-7).

Salu, padre de Zimri (Nm 25.14).

La reina de Seba fue a conocer las riquezas y sabiduría de Salomón (1 R 10.1-13).

S

Salú. [1] Benjaminita de entre los que regresaron de Babilonia (1 Cr 9.7; Neh 11.7). [2] Véase Salai [2].

Salum. [1] Rey de Israel, asesino y sucesor de Zacarías (2 R 15.10-15). [2] Marido de la profetiza Hulda (2 R 22.14; 2 Cr 34.22). [3] Descendiente de Jerameel (1 Cr 2.40,41). [4] Rey de Judá, hijo y sucesor del rey Josías (= Joacaz) (1 Cr 3.15; Jer 22.11). [5] Descendiente de Simeón (1 Cr 4.25). [6] Sumo sacerdote, hijo de Sadoc y padre de Hilcías (1 Cr 6.12,13; Esd 7.2). [7] Hijo de Nefatlí (1 Cr 7.13). [8] Padre de una familia de porteros del templo (1 Cr 9.17,19,31; Esd 2.42; Neh 7.45). [9] Hombre principal de Efraín en tiempo del rey Peka (2 Cr 28.12). [10] Nombre de dos que se casaron con mujeres extranjeras en tiempo de Esdras (Esd 10.24,42). [11] Nombre de dos de los que ayudaron en la restauración del muro de Jerusalén (Neh 3.12,15). [12] Tío del profeta Jeremías (Jer 32.7). [13] Padre de Maasías (Jer 35.4).

Sama. [1] Jefe edomita (Gn 36.13-17; 1 Cr 1.37). [2] Tercer hijo de Isaí de Belén (1 S 16.9; 17.3). [3] Uno de los tres primeros valientes de David (2 S 23.11). [4] Nombre de tres de los trein-

La madre de Samuel, Ana, prometió entregarlo a Dios antes de que este naciera (1 S 1.1-28).

ta valientes de David (2 S 23.25, 33; 1 Cr 11.44). **[5]** Descendiente de Aser (1 Cr 4.17).

Samai. [1] Descendiente de Jerameel (1 Cr 2.28,32). **[2]** Descendiente de Caleb (1 Cr 2.44,45). **[3]** Descendiente de Aser (1 Cr 4.17).

Samaquías, portero del tabernáculo en tiempo de David (1 Cr 26.7).

Samgar, juez de Israel que salvó a su pueblo de los filisteos (Jue 3.31; 5.6).

S

Samgar-nebo, príncipe del rey de Babilonia que acampó con otros jefes militares junto a la «puerta de en medio» en Jerusalén (Jer 39.3). Algunos lo toman como un nombre propio. Otros lo consideran un título de Nergal-sareser.

Samhut, oficial del rey David (1 Cr 27.8).

Samir, Levita en tiempo del rey David (1 Cr 24.24).

Samla, rey de Edom (Gn 36.36; 1 Cr 1.47-48).

Samserai, descendiente de Benjamín (1 Cr 8.26).

Samúa. [1] Uno de los doce espías (Nm 13.4). [2] Hijo del rey David (2 S 5.14; 1 Cr 14.4). En 1 Crónicas 3.5 se le llama Simea. [3] Padre de Abda (Neh 11.17). [4] Sacerdote que regresó de Babilonia con Zorobabel (Neh 12.18).

Samuel. Una vez que se asentaron en la nueva tierra, los israelitas vivieron dentro de una laxa federación gobernada por jueces. Quizás el más importante de estos jueces fue Samuel. Aunque tenía familia desde su primera infancia, Samuel vivió junto al sacerdote en el centro ceremonial de Israel para cumplir un voto que hizo su madre. Estéril, Ana había prometido que si el Señor le daba un hijo, ella lo dedicaría al servicio de Dios. Samuel se convirtió en un hombre justo y sabio que servía a Dios de muchas maneras. Cuando aún era un niño, recibió mensajes de Dios y los transmitió al pueblo, como un profeta. Ofreció sacrificios como un sacerdote. Y viajó por los campos solucionando disputas, como un juez. En efecto, Samuel fue el último de los jueces en la era anterior al que los israelitas co-

Samuel ungió a Saúl como el primer rey de Israel (1 S 9.1—10.24)

S

Hombre fuerte Sansón perdió su poder cuando fue traicionado por Delila (Jue 16.4-31).

ronaran un rey. Cuando Samuel se hizo viejo, los israelitas le pidieron que escogiera su primer rey. Samuel creía que el pueblo debía seguir pensando en Dios como su rey. Pero Dios concedió el pedido de Israel, aunque lo consideraba un rechazo de su reinado. Samuel escogió a Saúl. Más tarde, cuando Saúl pecó y se convirtió en un líder indigno, Samuel ungió secretamente a David como futuro rey. Cuando Samuel murió a avanzada edad, la nación se reunió para honrar su memoria.

Sanbalat, líder de la oposición a los judíos cuando se reconstruían las murallas de Jerusalén (Neh 2.10; 4.1,7; 6.1-14).

Sansón, juez de Israel durante veinte años. Su gran fuerza y debilidad moral lo hicieron famoso (Jue 13.24; 14-16).

Saquías, descendiente de Benjamín (1 Cr 8.10).

Sara, mujer de Abraham y madre de Isaac (Gn 17—18; 20—21; He 11.11; 1 P 3.6). Se cambió su nombre de Sarai por Sara, pues ella sería la progenitora de una gran nación (Gn 17.15).

Saraf, descendiente de Judá (1 Cr 4.22).

Sarai. [1] Mujer de Abraham (=Sara) (Gn 11.29). [2] Uno de los que se casaron con mujeres extranjeras en tiempo de Esdras (Esd 10.40).

Sarezer. [1] Hijo y asesino de Senaquerib (2 R 19.37; Is 37.38). [2] Uno enviado de parte del pueblo de Bet-el (Zac 7.2).

Sargón, importante rey de Asiria que consumó la caída de Samaria y deportó su población. El nombre de este rey (Sargón II) aparece solo una vez en las Escrituras (Is 20.1).

Sarsequim, nombre o título de un príncipe caldeo (Jer 39.3).

Sarvia, hermana de David (1 S 26.6; 2 S 2.13,18).

Sasac, descendiente de Benjamín (1 Cr 8.14,21).

Sasai, uno de los que se casaron con mujeres extranjeras en tiempo de Esdras (Esd 10.40).

Saúl. [1] Primer rey de Israel, al final abandonado por Dios. Trató varias veces de matar a David, pero él mismo encontró la muerte en Gilboa (1 S 9-31). [2] Rey de Edom (Gn 36.37,38; 1 Cr 1.48,49). [3] Descendiente de Simeón (Gn 46.10; Éx 6.15; Nm 26.13; 1 Cr 4.24). [4] Levita de los hijos de Coat (1Cr 6.24)

Seal, uno de los que se casaron con mujeres extranjeras en tiempo de Esdras (Esd 10.29).

Searías, Descendiente de Benjamín (1 Cr 8.38; 9.44).

Sear-jasub, primogénito del profeta Isaías (Is 7.3).

Seba. [1] Hijo de Cus (Gn 10.7; 1Cr 1.9). [2] Hijo de Raama y nieto de Cus (Gn 10.7). [3] Hijo de Joctán (Gn 10.28; 1 Cr 1.22). [4] Hijo de Joctán y nieto de Abraham (Gn 25.3; 1 Cr 1.32).[5] Benjaminita que se rebeló contra David (2 S 20.1). [6] Progenitor de una familia de Gad (1 Cr 5.13)

Sebanías. [1] Sacerdote, músico en tiempo de David (1 Cr 15.24). [2] Levita que ayudó a Esdras en la lectura de la ley (Neh 9.4,5). [3]

Nombre de tres de los firmantes del pacto de Nehemías (probablemente uno de ellos =No.2) (Neh 10.4,10,12). [**4**] Jefe de una familia de sacerdotes (Neh 10.12).

Seber, hijo de Caleb (1 Cr 2.48).

Sebna, escriba o secretario del rey Ezequías, sustituido por Eliaquim (2 R 18.18; Is 22.15-25; 36.3-22).

Sebuel. [**1**] Hijo de Gersón y nieto de Moisés (1 Cr 23.16; 26.24). [**2**] Levita, hijo de Hemán, cantor jefe del santuario (1 Cr 25.4). En el versículo 20 se le llama Subael.

Secanías. [**1**] Descendiente del rey David (1 Cr 3.21,22). [**2**] Sacerdote que regresó de Babilonia con Zorobabel (1 Cr 24.11; Neh 12.3). [**3**] Sacerdote en tiempo del rey Ezequías (2 Cr 31.15). [**4**] Uno que regresó de Babilonia con Esdras (Esd 8.5). [**5**] Uno de los que se casaron con mujeres extranjeras en tiempo de Esdras (Esd 10.2). [**6**] Padre de Semaías (Neh 3.29). [**7**] Suegro de Tobías amonita (Neh 6.18).

Sedequías. [**1**] Falso profeta en tiempo del rey Acab (1 R 22.11,24; 2 Cr 18.10,23). [**2**] Último rey de Judá (2 R 24.18—25.7; 2 Cr 36.11-21). Véase Matanías. [**3**] Hijo del rey Jeconías (1 Cr 3.16). [**4**] Firmante del pacto de Nehemías (Neh 10.1). [**5**] Falso profeta en tiempo del

S

profeta Jeremías (Jer 29.21-22). [6] Príncipe de Judá en tiempo del rey Joacim (Jer 36.12).

Sedeur, padre de Elisur (Nm 1.5; 2.10; 7.30,35; 10.18).

Seera, mujer descendiente de Efraín (1 Cr 7.24). Era su hija o su nieta; el texto no está claro.

Sefatías. [1] Hijo de David nacido en Hebrón (2 S 3.4; 1 Cr 3.3). [2] Descendiente de Benjamín (1 Cr 9.8). [3] Guerrero que se unió a David en Siclag (1 Cr 12.5). [4] Jefe de la tribu de Simeón en tiempo de David (1 Cr 27.16). [5] Hijo del rey Josafat (2 Cr 21.2). [6] Padre de una familia que regresó de Babilonia (Esd 2.4; 8.8; Neh 7.9). [7] Padre de una familia de sirvientes de Salomón (Esd 2.57; Neh 7.59). [8] Padre de una familia de Benjamín (Neh 11.4). [9] Príncipe de Judá que se opuso al profeta Jeremías (Jer 38.1).

Sefo, descendiente de Seir horeo (Gn 36.23; 1 Cr 1.40).

Séfora, esposa de Moisés e hija de Reuel (Éx 2.21; 4.25; 18.2).

Sefufán, descendiente de Benjamín (1 Cr 8.5).

Segub. [1] Hijo menor de Hiel de Betel (1 R 16.34). [2] Descendiente de Judá (1 Cr 2.21,22).

Segundo, cristiano de Tesalónica, compañero del apóstol Pablo (Hch 20.4).

Seharías, jefe de la tribu de Benjamín (1 Cr 8.26).

Sehón, rey amorreo derrotado por Israel (Nm 21.21-31; Dt 1.4; 2.24-32; Jos 13.15-28).

Sela. [1] Hijo menor de Judá (Gn 38.5-26; 1 Cr 2.3; 4.21). [2] Hijo de Arfaxad y padre de Heber (=Sala) (1 Cr 1.18,24).

Selec, amonita, uno de los treinta valientes de David (2 S 23.37; 1 Cr 11.39).

Seled, descendiente de Judá (1 Cr 2.30).

Selef, hijo de Joctán (Gn 10.26; 1 Cr 1.20). Posiblemente se alude a un pueblo semita que habitaba en Arabia.

Selemías. [1] Levita, portero del templo (=Meselemías) (1 Cr 26.14). [2] Nombre de dos de los que se casaron con mujeres extranjeras en tiempo de Esdras (Esd 10.39,41).[3] Padre de Hananías (Neh 3.30). [4] Sacerdote que Nehemías puso por mayordomo (Neh 13.13). [5] Ascendiente de Jehudí (Jer 36.14). [6] Uno de los que el rey Joacim envió para prender a Baruc (Jer 36.26). [7] Padre de Jucal (Jer 37.3; 38.1). [8] Padre de Irías (Jer 37.13).

Seles, jefe de una familia de Aser (1 Cr 7.35).

Selomi, padre de Ahiud (Nm 34.27).

Selomit. [1] Hija de Dibri, de la tribu de Dan (Lv

24.11). [2] Hija de Zorobabel (1 Cr 3.19). [3] Levita descendiente de Gersón (1 Cr 23.9). [4] Levita, hijo de Izhar (=Selomot) (1 Cr 23.18). [5] Levita tesorero en tiempo de David (1 Cr 26.25,28). [6] Hijo (o hija) del rey Roboam (2 Cr 11.20). [7] Jefe de una familia que regresó de Babilonia con Esdras (Esd 8.10).

Selomot, descendiente de Izhar (1 Cr 24.22). Muchos lo identifican con Selomit [4].

Selumiel, príncipe de la tribu de Simeón designado para asistir a Moisés (Nm 1.6; 2.12; 7.36).

Sem, hijo de Noé y ascendiente de Cristo (Gn 5.32; 6.10; 10.1; Lc 3.36).

Sema. [1] Hijo de Hebrón (1 Cr 2.43-44). [2] Descendiente de Rubén (1 Cr 5.8). [3] Jefe de una familia de Benjamín (=Simei) (1 Cr 8.13). [4] Uno que ayudó a Esdras en la lectura de la ley (Neh 8.4).

Semaa, padre de Ahiezer y Joás, guerreros de David (1 Cr 12.3).

Semaías. [1] Profeta en tiempo del rey Roboam (1 R 12.22; 2 Cr 11.2). [2] Descendiente del rey David (1 Cr 3.22). [3] Jefe de la tribu de Simeón (1 Cr 4.37). [4] Descendiente de Rubén (1 Cr 5.4). [5] Levita descendiente de Merari que regresó del exilio (1 Cr 9.14; Neh 11.15). [6] Padre de Obadías (1 Cr 9.16). [7]

Jefe de una casa levítica en tiempo de David (1 Cr 15.8,11). [8] Levita, escriba en tiempo de David (1 Cr 24.6). [9] Levita, primogénito de Obed-edom (1 Cr 26.4,6,7). [10] Levita comisionado por el rey Josafat para instruir al pueblo (2 Cr 17.8). [11] Levita en tiempo del rey Ezequías (2 Cr 29.14). [12] Funcionario del rey Ezequías (2 Cr 31.15). [13] Levita principal en tiempo del rey Josías (2 Cr 35.9). [14] Jefe de una familia que regresó con Esdras de Babilonia (Esd 8.13). [15] Mensajero despachado por Esdras (Esd 8.16). [16] Uno de los sacerdotes que se casaron con mujeres extranjeras en tiempo de Esdras (Esd 10.31). [17] Uno que ayudó en la restauración del muro de Jerusalén (Neh 3.29). [18] Profeta (o sacerdote) que maquinó contra Nehemías (Neh 6.10). [19] Sacerdote que firmó el pacto de Nehemías (Neh 10.8; 12.6,18). [20] Nombre de cuatro levitas o sacerdotes que ayudaron en la dedicación del muro de Jerusalén (Neh 12.34, 35,36,42). [21] Padre del profeta Urías (Jer 26.20). [22] Falso profeta en tiempo de Jeremías (Jer 29.24). [23] Padre de Delaía (Jer 36.12).

Semarías. [1] Guerrero que se unió a David en Siclag (1 Cr 12.5). [2] Hijo de Roboam (2 Cr

S

11.19). **[3]** Nombre de dos de los que se casaron con mujeres en tiempo de Esdras (Esd 10.32,41).

Semeber, rey de Zeboim en los días de Abraham (Gn 14.2).

Semed, jefe de una familia de Benjamín (1 Cr 8.12).

Semei, ascendiente de Jesucristo (Lc 3.26).

Semer. [1] Dueño del monte donde Omri edificó Samaria (1 R 16.24). **[2]** Ascendiente de Etán (1 Cr 6.46). **[3]** Descendiente de Aser (1 Cr 7.34). Se le llama Somer en 1 Crónicas 7.32.

Semida, descendiente de Aser (Nm 26.32; Jos 17.2; 1 Cr 7.19).

Semiramot. [1] Músico levita en tiempo de David (1 Cr 15.18,20; 16.5). **[2]** Levita comisionado por el rey Josafat para instruir al pueblo (2 Cr 17.8).

Semuel. [1] Uno comisionado para dividir la tierra en Canaán (Nm 23.20). **[2]** Jefe de una familia de Isacar (1 Cr 7.2).

Senaa, jefe de una familia que regresó de Babilonia y ayudó en la restauración del muro de Jerusalén (Esd 2.35; Neh 3.3; 7.38).

Senaquerib, rey asirio que mató a su hermano para usurpar el trono. Invadió sin éxito a Judá. La asombrosa historia de la destrucción de su ejército se cuenta en 2 Reyes 19 (2 R 18.13; Is 36.1; 37.17,21,37).

Senazar, hijo o nieto de Jeconías (1 Cr 3.18).

Senúa, padre de Judá (Neh 11.9).

Seorim, sacerdote en tiempo del rey David (1 Cr 24.8).

Sera, hija de Aser (Gn 46.17; Nm 26.46; 1 Cr 7.30).

Seraías. [1] Secretario del rey David (2 S 8.17). Se le llama Seva en 2 Samuel 20.25, Savsa en 1 Crónicas 18.16 y Sisa en 1 Reyes 4.3. [2] Sumo sacerdote cuando Jerusalén fue destruida por Nabucodonosor (2 R 15.18; 1 Cr 6.14; Esd 7.1; Jer 52.24). [3] Capitán militar entre el remanente que quedó en Judá después de la destrucción de Jerusalén (2 R 25.23; Jer 40.8). [4] Segundo hijo de Cenaz (1 Cr 4.13,14). [5] Príncipe de la tribu de Simeón (1 Cr 4.35). [6] Uno que regresó de Babilonia con Zorobabel (Esd 2.2). [7] Firmante del pacto de Nehemías (Neh 10.2). [8] Sacerdote que regresó de Babilonia con Zorobabel (Neh 11.11; 12.1,12). [9] Oficial del rey Joacim (Jer 36.26). [10] «Principal camarero» del rey Sedequías (Jer 51.59,61).

Serebías. [1] Levita, «varón entendido», ayudante de Esdras (Esd 8.18,24). [2] Levita que ayu-

S

dó a Esdras en la lectura de la ley (Neh 8.7; 9.4,5; 10.12). [**3**] Levita que regresó de Babilonia con Zorobabel (Neh 12.8,24).

Sered, primogénito de Zabulón (Gn 46.14; Nm 26.26).

Seres, descendiente de Manasés (1 Cr 7.16).

Sergio Paulo, procónsul de Chipre (Hch 13.7).

Serug, padre de Nacor y ascendiente de Cristo (Gn 11.20,21; Lc 3.35).

Sesai, uno de los tres hijos de Anac en Hebrón (Nm 13.22; Jos 15.14; Jue 1.10). Caleb le dio muerte.

Sesán, descendiente de Judá a través de Jerameel (1 Cr 2.31,34,35).

Sesbasar, príncipe de Judá en cuyas manos Ciro puso los vasos del templo. Muchos creen que se trata de Zorobabel. Otros lo niegan. Alegan que Sesbasar fue gobernador bajo Ciro y Zorobabel bajo Dario (Esd 1.8,11; 5.14-16).

Set. [1] Jefe de los moabitas, según algunos (Nm 24.17). Otros consideran que se trata de una voz poética, «Hijos de Set» (= Moab). En antiguos textos extrabíblicos Set aparece como el nombre de Moab. [2] tercer hijo de Adán y padre de Enós (Gn 4.25,26; 5.3,4,6,8; 1 Cr 1.1; Lc 3.38).

Setar, uno de los príncipes de Persia y Media consejero de rey Azuero (Est 1.14).

Setar-boznai, oficial del rey de Persia (Esd 5.3,6; 6.6,13).

Setur, uno de los doce espías (Nm 13.13).

Seva. [1] Secretario del rey David (= Seraías; Savsa y Sisa) (2 S 20.25). [2] Descendiente de Caleb (1 Cr 2.49).

Siaha, padre de una familia de sirvientes del templo que regresó del exilio (Esd 2.44; Neh 7.47).

Siba, siervo del rey Saúl (2 S 9.2-13; 16.1-4; 19.17-29).

Sibecai, uno de los 30 valientes de David, quien mató a un filisteo gigante (2 S 21.18; 1 Cr 11.29; 20.4). Se le llama Mebunai en 2 Samuel 23.27.

Sibia. [1] Madre de Joás rey de Judá (2 R 12.1; 2 Cr 24.1). [2] Descendiente de Benjamín (1 Cr 8.9).

Sidón, primogénito de Canaán hjo de Cam (Gn 10.15). Su mención en 1 Cr 1.13 probablemente alude a los habitantes de la antigua ciudad de Sidón.

Sifi, descendiente de Simeón (1 Cr 4.37).

Sifra, partera de las hebreas en Egipto (Éx 1.15).

Siftán, padre de Kemuel (Nm 34.24).

Silas, miembro destacado de la iglesia primitiva

que viajó con Pablo por Asia Menor y Grecia y sufrió prisión junto a él en Filipo (Hch 15.22,32-34; 2 Co 1.19; 1 Ts 1.1).

Silem, hijo de Neftalí (Gn 46.24; Nm 26.49).

Silhi, abuelo del rey Josafat (1 R 22.42; 2 Cr 20.31).

Siloni, ascendiente de Maasías (Neh 11.5).

Silsa, descendiente de Aser (1 Cr 7.37).

Simea. [1] Tercer hijo de Isaí de Belén (2 S 13.3,32; 21.21; 1 Cr 2.13; 20.7). [2] Hijo de David (1 Cr 3.5). [3] Levita descendiente de Merari (1 Cr 6.30). [4] Levita descendiente de Gersón (1 Cr 6.39). [5] Descendiente de Benjamín (= Simeam) (1 Cr 8.32).

Simeam, descendiente de Benjamín (= Simea) (1 Cr 9.38).

Simeat, padre (o madre) del asesino del rey Joás de Judá (2 R 12.21; 2 Cr 24.26).

Simei [1] Hijo de Gersón (Éx 6.17; Nm 3.18,21; 1 Cr 6.17,42; 23.7,10). [2] Hijo de Gera, pariente del rey Saúl, que maldijo a David cuando este escapaba de Absalón (2 S 16.5-13; 19.16-23). [3] Funcionario del rey David (1 R 1.8). [4] Funcionario del rey Salomón (1 R 4.18). [5] Hermano de Zorobabel (1 Cr 3.19). [6] Padre de una familia de Simeón (1 Cr 4.26,27). [7] Descendiente de Rubén (1 Cr 5.4). [8] Levita descendiente de Merari (1 Cr 6.29). [9] Levita descendiente de Gersón (1 Cr 6.42; 23.7,9,10). [10] Descendiente de Benjamín (1 Cr 8.21; Zac 12.13). [11] Levita, padre de una familia de cantores después del exilio (1 Cr 25.3,17). [12] Oficial del rey David, encargado de las viñas (1 Cr 27.27). [13] Levita en tiempo del rey Ezequías (2 Cr 29.14). [14] Levita mayordomo del rey Ezequías (2 Cr 31.12,13). [15] Nombre de tres de los que se casaron con mujeres extranjeras en tiempo de Esdras (Esd 10.23,33,38). [16] Ascendiente de Mardoqueo (Est 2.5).

Simeón. [1] Segundo hijo de Jacob y la tribu que formó su posteridad (Gn 29.33; Éx 1.2; Dt 27.12).[2] Uno de los que se casaron con mujeres extranjeras en tiempo de Esdras (Esd 10.31). [3] Aquel que bendijo a Dios al ver al niño Jesús (Lc 2.25,34). [4] Ascendiente de Jesucristo (Lc 3.30).

Simón. [1] Descendiente de Judá (1 Cr 4.20). [2] Simón Pedro. Véase también Pedro y Cefas (Mt 4.8; 10.2; 16.16). [3] El cananita o Zelote, uno de los doce apóstoles (Mt 10.4; Mr 3.18; Lc 6.15; Hch 1.13). [4] Hermano del Señor (Mt 13.55; Mr 6.3). [5] Simón el leproso (Mt 26.6; Mr 14.3). [6] Simón de Cirene (Mt 27.32; Mr 15.21; Lc 23.26). [7] Fariseo (Lc 7.40,43-

S

44). [**8**] Padre de Judas Iscariote (Jn 6.71; 12.4; 13.2,26). [**9**] Mago de Samaria (Hch 8.9). [**10**] Curtidor, de Jope (Hch 9.43). [**11**] Simón Niger, de Antioquía (Hch 13.1).

Simrat, descendiente de Benjamín (1 Cr 8.21).

Simri. [1] Descendiente de Simeón (1 Cr 4.37). [**2**] Padre de dos valientes de David (1 Cr 11.45). [**3**] Jefe de un grupo de porteros del templo (1 Cr 26.10). [**4**] Levita en tiempo del rey Ezequías (2 Cr 29.13).

Simrit, moabita, madre de Jozabad, quien mató a Joás (2 Cr 24.26). Se le llama Somer en 2 Reyes 12.21.

Simrón, cuarto hijo de Isacar (Gn 46.13; Nm 26.24; 1 Cr 7.1).

Simsai, oficial persa que escribió al rey oponiéndose a la reconstrucción de la muralla de Jerusalén (Esd 4.8-9,17,23).

Sinab, rey de Adna atacado por Quedorlaomer y sus aliados (Gn 14.2).

Síntique, cristiana de la iglesia en Filipos (Fil 4.2).

Siquem. [1] Hijo de Hamor, habitante de la ciudad de Siquem que mancilló a Dina; él y su familia fueron exterminados por ese acto (Gn 33.19; 34). [**2**] Jefe de una familia de Manasés (Nm 26.31; Jos 17.2). [**3**] Hijo de Semida (1 Cr 7.19).

Sisa, padre de Elihoref y Ahías, secretarios del rey Salomón (1 R 4.3). Posiblemente el mismo que Seraías.

Sisac, rey de Egipto. Protegió a Jeroboam de Salomón y años más tarde invadió Judá (1 R 11.40; 14.25; 2 Cr 12).

Sísara. [1] General del ejército del rey Jabín a quien Jael mató (Jue 4.1-22; 5.26,28). [2] Padre de una familia de sirvientes del templo (Esd 2.53; Neh 7.55).

Sismai, descendiente de Judá (1 Cr 2.40).

Sitrai, mayordomo de David sobre el ganado en Sarón (1 Cr 27.29).

Sitri, descendiente de Leví a través de Coat (Éx 6.22).

Siza, padre de Adina (1 Cr 11.42).

So , rey de Egipto. Otros creen que este nombre hace referencia a una ciudad (2 R 17.3-7).

Sobab. [1] Hijo de David (2 S 5.14; 1 Cr 3.5; 14.4). [2] Hijo de Caleb (1 Cr 2.18).

Sobac, general del ejército del rey Hadad-ezer (2 S 10,16,18). Se le llama Sofac en 1 Crónicas 19.16.

Sobai, padre de una familia de porteros del templo (Esd 2.42; Neh 7.45).

Sobal. [1] Hijo de Seir (Gn 36.20,23,29; 1 Cr

1.38,40). [2] Descendiente de Caleb (1 Cr 2.50,52). [3] Hijo de Judá (1 Cr 4.1-2).

Sobec, firmante del pacto de Nehemías (Neh 10.24).

Sobi, príncipe amonita que socorrió al rey David cuando huía de Absalón (2 S 17.27).

Soco, hijo de Heber (1 Cr 4.18).

Sodi, padre de Gadiel (Nm 13.10).

Soferet, padre de una familia de sirvientes de Salomón que regresó del exilio (Esd 2.55; Neh 7.57).

Sofonías. [1] Sacerdote en tiempo del profeta Jeremías (2 R 25.18; Jer 21.1; 37.3). [2] Ascendiente del cantor Henán (1 Cr 6.36). [3] Profeta en los días de Josías (Sof 1.1). [4] Padre de Josías y de Hen (Zac 6.10,14).

Soham, levita descendiente de Merari (1 Cr 24.27).

Somer . [1] Madre de Jozabad (2 R 12.21). [2] Descendiente de Aser (1 Cr 7.32). Véase Simrit.

Sópater, cristiano de Berea que acompañó a Pablo a Asia (Hch 20.4). Quizás el mismo que Sosípater..

Sosípater, uno que envió saludos a los cristianos de Roma (Ro 16.21). Era judío («pariente» de Pablo) y posiblemente el mismo que Sópater (véase también).

Sóstenes. [1] Principal de la sinagoga de Corinto golpeado por los griegos (Hch 18.17). [2] Creyente que se unió a Pablo en la primera epístola que este dirigió a los corintios (1 Cr 1.1). Algunos creen que era [1] tras su conversión.

Sotai, padre de una familia de sirvientes de Salomón (Esd 2.55; Neh 7.57).

Súa. [1] Hijo de Abraham y Cetura (Gn 25.2; 1 Cr 1.32). [2] Suegro de Judá (Gn 38.2). [3] Descendiente de Judá (1 Cr 4.11). [4] Hija de Heber de la tribu de Aser (1 Cr 7.32). [5] Descendiente de Aser (1 Cr 7.36).

Sual, descendiente de Aser (1 Cr 7.36).

Subael, levita, descendiente de Amram (1 Cr 24.20). Véase Sebuel [2].

Sufam, hijo de Benjamín (Nm 26.39).

Súham, hijo de Dan (Nm 26.42).

Suni, hijo de Gad (Gn 46.16; Nm 26.15).

Supim. [1] Descendiente de Benjamín (1 Cr 7.12,15). [2] Portero de Jerusalén (1 Cr 26.16).

Susana, mujer que servía a Jesucristo y era seguidora suya (Lc 8.3).

Susi, padre de Gadi, uno de los espías (Nm 13.11).

Sutela. [1] Primogénito de Efraín (Nm 26.35,36; 1 Cr 7.20). [2] Descendiente de No. 1 (1 Cr 7.21).

T

Tabaot, padre de una familia de sirvientes del templo que retornó del exilio con Zorobabel (Esd 2.43; Neh 7.46).

Tabeel. [1] Arameo en Samaria que se opuso a la reedificación de Jerusalén (Esd 4.7). [2] Padre de uno que Rezín y Peka, reyes de Damasco e Israel, propusieron hacer rey de Judá (Is 7.6).

Tabita, cristiana de Jope que Pedro levantó de los muertos. Dorcas es la forma griega de su nombre (Hch 9.36-42).

Tabrimón, padre de Ben-adad I, rey de Syria (1 R 15.18).

Tadeo, uno de los doce apóstoles (Mt 10.3; Mr 3.18). Es el mismo que Judas, el hermano de Santiago (Lc 6.16; Jn 14.22; Hch 1.13). También se le conocía como Lebeo.

Tafat, hija de Salomón (1 R 4.11).

Tahán. [1] Hijo de Efraín (Nm 26.35). [2] Otro descendiente de Efraín (1 Cr 7.25).

Tahas, Hijo de Nacor y Reúma (Gn 22.24).

Tahat. [1] Descendiente de Coat (1 Cr 6.24,37). [2] Nombre de dos descendientes de Efraín (1 Cr 7.20).

Tahpenes, reina egipcia en tiempo de Salomón que acogió a Hadad, enemigo del rey de Israel (1 R 11.18-20).

Talmai. [1] Uno de los «hijos de Anac» en Hebrón (Nm 13.22; Jos 15.14; Jue 1.10). [2] Rey de Gesur y abuelo de Absalón (2 S 3.3; 13.27).

Talmón, padre de una familia de porteros del templo (1 Cr 9.17; Esd 2.42; Neh 7.45; 11.19; 12.25).

Tamar. [1] Nuera de Judá y ascendiente de Cristo (Gn 38.6; 11,13; Rut 4.12; Mt 1.3). [2] La hija de David violada por Amnón (2 S 13.1-32). [3] Hija de Absalón (2 S 14.27).

Tanhumet, padre de Seraías (2 R 25.23; Jer 40.8).

Tapúa, descendiente de Hebrón (1 Cr 2.43).

Taré, hijo de Nacor y padre de Abraham (Gn 11.27-32; Lc 3.34).

Tarea, descendiente del rey Saúl (1 Cr 8.35; 9.41).

Tarsis. [1] Hijo de Javán y nieto de Noé (Gn 10.4; 1 Cr 1.7). Posiblemente un pueblo que habitaba una región de España cerca de Gibraltar. [2] Descendiente de Benjamín (1 Cr 7.10). [3] Uno de los príncipes del rey Azuero (Est 1.14).

Tartán, título de un oficial asirio de alto rango. Hay pruebas de que esta posición era la segunda en importancia después del rey. La Escritura menciona dos tartanes (2 R 18.17; Is 20.1).

Tatnai, funcionario del rey Artajerjes, goberna-

T

dor persa de Samaria en los días de Zorobabel (Esd 5.3; 6.6,13).

Teba, hijo de Nacor y Reúma (Gn 22.24).

Tebalías, portero del templo en tiempo del rey David (1 Cr 26.11).

Tehina, descendiente de Judá (1 Cr 4.12).

Telah, descendiente de Efraín (1 Cr 7.25).

Telem, uno de los que se casaron con mujeres extranjeras en tiempo de Esdras (Esd 10.24).

Tema. [1] Hijo de Ismael (Gn 25.15; 1 Cr 1.30). [2] Padre de una familia de sirvientes del templo (Esd 2.53; Neh 7.55).

Temán. [1] Descendiente de Esaú (Gn 36.11,15,42; 1 Cr 1.36,53). [2] El mismo que Tema [2] (Job 6.19).

Temeni, descendiente de Judá (1 Cr 4.6).

Teófilo, personaje desconocido, probablemente un oficial romano, a quien Lucas dedicó su Evangelio y el libro de Hechos (Lc 1.3; Hch 1.1).

Tercio, amanuense de Pablo a quien el apóstol le dictó la carta a los Romanos (Ro 16.22). Algunos conjeturan que se trataba de Silas (véase también).

Teres, eunuco del rey Azuero que conspiró contra la corona (Est 2.21; 6.2).

Tertulo, orador contratado por los judíos que arguyó ante Félix contra Pablo (Hch 24.1-8).

Teudas, judío que se rebeló contra la autoridad imperial (Hch 5.36).

Tiberio, tercer emperador del Imperio Romano (Lc 3.1).

Tibni, militar de Israel derrotado por Omri (1 R 16.21-22).

Ticva. [1] Suegro de la profetiza Hulda (2 R 22.14; 2 Cr 34.22). [2] Padre de Jahazías (Esd 10.15).

Tidal, rey de Goim, quien con sus aliados invadió las ciudades de la llanura (Gn 14.1,9).

Tiglat-pileser, rey de Asiria que invadió Neftalí en tiempo de Peka, rey de Israel. El monarca asirio conquistó el norte de la Palestina y deportó a muchos de Neftalí (2 R 15.29; 16.7,10; 1 Cr 5.6,26). Su nombre nativo era Pul (2 R 15.19).

Tilón, descendiente de Judá (1 Cr 4.20).

Timeo, padre del ciego Bartimeo (Mr 10.46).

Timna. [1] Concubina de un hijo de Esaú y hermana de Lotán (Gn 36.12, 22; 1 Cr 1.39). [2] Jefe de Edom (Gn 36.40; 1 Cr 1.51). [3] Hijo de Elifaz (1 Cr 1.36).

Timón, uno de los siete diáconos de Jerusalén (Hch 6.5).

Timoteo, hijo espiritual y compañero de Pablo;

viajó extensamente con el Apóstol. Hijo de Eunice, judía, y de padre griego, Timoteo era natural de Listra (Hch 16.1; 17.4; 15; 1 Ti 1.2,18; 6.20).

Tíquico, discípulo y mensajero de Pablo (Hch 20.4; Ef 6.21; 2 Ti 4.12).

Tiranno, retórico griego o rabino judío en cuya escuela Pablo enseñó en Éfeso (Hch 19.9).

Tiras, hijo menor de Jafet (Gn 10.2; 1 Cr 1.5). Posiblemente los habitantes de la Tracia. Otros especialistas consideran que se trata de una referencia a un pueblo que vivía en las costas e islas del mar Egeo.

Tirhaca, rey de Etiopía y Egipto que ayudó a Ezequías en su lucha contra Senaquerib (2 R 19.9; Is 37.9).

Tirhana, hijo de Caleb (1 Cr 2.48).

Tirías, descendiente de Judá (1 Cr 4.16).

Tirsa, hija menor de Zelofehad (Nm 26.33; 27.1; Jos 17.3).

Tito, compañero del apóstol Pablo a quien se le encomendó una misión en Creta (2 Co 2.13; Gá 2.1; Tit 1.4).

Toa, levita descendiente de Coat y ascendiente del profeta Samuel (1 Cr 6.34). Se le llama Nahat en el versículo 26 y Tohu en 1 Samuel 1.1.

Tobadonías, levita enviado por el rey Josafat a enseñar la ley (1 Cr 17.8).

Tobías. [1] Levita al servicio del rey Josafat (2 Cr 17.8). [2] Padre de una familia que regresó de Babilonia (Esd 2.60; Neh 7.62). [3] Amonita siervo de Sanbalat que se opuso a Nehemías (Neh 2.10-20).

Togarma, Hijo de Gomer (Gn 10.3; 1 Cr 1.6). Posiblemente un pueblo del extremo norte que habitaba las montañas al noroeste de Mesopotamia, entre el Anti-Tauro y el Éufrates, o posiblemente el área del Éufrates superior entre Samosata y Melita.

Toi, rey de Hamat que envió a su hijo para felicitar a David por su victoria sobre Hadad-ezer (2 S 8.9-10; 1 Cr 18.9-10).

Tola. [1] Hijo de Isacar (Gn 46.13; 1 Cr 7.1-2). [2] Juez de Israel (Jue 10.1).

Tomás, uno de los doce apóstoles de Jesús. Cuando Cristo se levantó de los muertos, él fue el más escéptico (Mt 10.3; Mr 3.18; Jn 20.24-29). Su nombre griego era Dídimo.

T

Trifena, cristiana de Roma a quien Pablo envía saludos (Ro 16.12).

Trifosa, cristiana de Roma a quien Pablo envía saludos (Ro 16.12).

Trófimo, compañero del apóstol Pablo (Hch 20.4; 21.29; 2 Ti 4.20).

Tubal, hijo de Jafet (Gn 10.2; 1 Cr 1.5). Posiblemente una referencia a un pueblo del Asia Menor oriental; se les llama Tabal en inscripciones asirias.

Tubal-caín, hijo de Lamec y experto en la forja de metales (Gn 4.22).

Ucal, discípulo del proverbista Agur (Pr 30.1).

Uel, uno de los que se casaron con mujeres extranjeras en tiempo de Esdras (Esd 10.34).

Ulam. [1] Descendiente de Manasés, el hijo de Peres (1 Cr 7.16-17). [2] Descendiente de Benjamín, padre de una familia de flecheros (1 Cr 8.39- 40).

Ula, descendiente de Aser (1 Cr 7.39).

Uni. [1] Levita, músico en tiempo de David (1 Cr 15.10). [2] Levita que regresó del exilio con Zorobabel (Neh 12.9).

Ur , padre de uno de los valientes de David (1 Cr 11.35).

Urbano, fiel cristiano de Roma a quien Pablo envió saludos (Ro 16.9).

Uri . [1] Hijo de Hur y Padre de Bezaleel (Éx 31.1-2; 1 Cr 2.20). [2] Padre de Geber (1 R 4.19). [3] Portero en el templo que se casó con una mujer extranjera (Esd 10.24).

Urías. [1] Soldado heteo del ejército de David. Fue muerto en una fiera batalla, pues David, quien quería casarse con su mujer, Betsabé, lo colocó en la primera línea de combate (2 S 11). [2] Sacerdote en tiempo del rey Acaz (2 R 16.10-16; Is 8.2). [3] Padre de Meremot (Esd 8.33; Neh 3.4,21). [4] Varón que ayudó a

Esdras en la lectura de la ley (Neh 8.4). [5] Profeta a quien mató el rey Joacim (Jer 26.20-23).

Uriel. [1] Jefe de los hijos de Coat en tiempo de David (1 Cr 6.24; 15.5,11). [2] Padre de Micaías madre del rey Joacaz (2 Cr 13.2).

Utai. [1] Descendiente de Judá (1 Cr 9.4). [2] Uno que regresó de Babilonia con Esdras (Esd 8.14).

Uz . [1] Descendiente de Sem e hijo de Aram (Gn 10.23; 1 Cr 1.17). Posiblemente el nombre alude a una tribu o pueblo arameo. [2] Primogénito de Nacor (Gn 22.21). [3] Hijo de Disán (Gn 36.28).

Uzai, padre de Palal (Neh 3.25).

Uzal, hijo de Joctán (Gn 10.27; 1 Cr 1.21). Posiblemente el nombre aluda a una tribu árabe.

Uza. [1] Hijo de Aminadab; el furor de Jehová hizo que cayera muerto cuando tocó el arca del pacto (2 S 6.2-7; 1 Cr 13.6-10). [2] Descendiente de Merari (1 Cr 6.29). [3] Descendiente de Benjamín (1 Cr 8.7). [4] Padre de una familia de sirvientes del templo que regresó del exilio (Esd 2.49; Neh 7.51).

Uzi . [1] Sacerdote, ascendiente de Esdras (1 Cr 6.5,6,51; Esd 7.4).

[2] Descendiente de Isacar (1 Cr 7.1-3). [3] Descendiente de Benjamín (1 Cr 7.7). [4] Pa-

dre de Ela, varón que regresó de Babilonia (1 Cr 9.8). [5] Jefe de levitas en Jerusalén (Neh 11.22). [6] Sacerdote en tiempo de Joiacim (Neh 12.19). [7] Sacerdote que ayudó en la dedicación del muro de Jerusalén (Neh 12.42).

Uzías. [1] Onceno rey de Judá. Cuando intentó ofrecer incienso ilegalmente, Dios lo castigó con lepra. Se le llama también Azarías (2 R 15.1-8; 2 Cr 26). [2] Levita descendiente de Coat (1 Cr 6.24). [3] Uno de los valientes de David (1 Cr 11.44). [4] Padre de Jonatán (1 Cr 27.25). [5] Sacerdote de entre los que se casaron con mujeres extranjeras en tiempo de Esdras (Esd 10.21). [6] Padre de Ataías (Neh 11.4).

Uziel. [1] Hijo de Coat y nieto de Leví (Éx 6.18). [2] Capitán de los simeonitas (1 Cr 4.42). [3] Hijo de Bela y nieto de Benjamín (1 Cr 7.7). [4] Cantor, descendiente de Hemán (1 Cr 25.4). [5] Levita en tiempo del rey Ezequías (2 Cr 29.14). [6] Uno que ayudó en la reparación del muro de Jerusalén Neh 3.8).

U

Vaizata, uno de los hijos de Amán que los judíos mataron (Est 9.9).

Vanias, uno de los que se casaron con mujeres extranjeras en tiempo de Esdras (Esd 10.36).

Vapsi, descendiente de Neftalí y padre de Nahbi, el espía (Nm 13.14).

Vasni, de acuerdo con 1 Crónicas 6.28, el primogénito de Samuel, pero 1 Samuel 8.2 dice que Joel fue su primogénito. A causa de esto, algunos especialistas siguen las versiones de la Septuaginta y el siríaco, donde el versículo 28 dice: «Y los hijos de Samuel: el primogénito, Joel, y el segundo Abías». Todo ello porque *Vasni* no es nombre propio, sino «el segundo».

Vasti, primera esposa del rey Asuero, quien se divorció de ella ante su negativa a comparecer al banquete real (Est 1.10-22).

Zaaván, hijo de Ezer (Gn 36.27; 1 Cr 1.42).

Zabad. [1] Descendiente de Judá (1 Cr 2.36-37). [2] Descendiente de Efraín (1 Cr 7.21). [3] Uno de los valientes de David (1 Cr 11.41). [4] Uno de los asesinos del rey Joás (2 Cr 24.26). [5] Nombre de tres varones entre los que se casaron con mujeres extranjeras en tiempo de Esdras (Esd 10.27,33,43).

Zabai. [1] Uno de los que se casaron con mujeres extranjeras en tiempo de Esdras (Esd 10.28). [2] Padre de Baruc (Neh 3.20).

Zabdiel. [1] Padre de Jasobeam (1 Cr 27.2). [2] Jefe de un grupo de sacerdotes (Neh 11.14).

Zabud. [1] Amigo y ministro principal del rey Salomón (1 R 4.5). [2] Uno de los que regresó de Babilonia con Esdras (Esd 8.14).

Zabulón, décimo hijo del patriarca Jacob y la tribu que formó su posteridad (Gn 30.20; 49.13; 1 Cr 2.1).

Zacai, padre de una familia que regresó de Babilonia (Esd 2.9; Neh 7.14). Posiblemente el mismo que Zabai [2].

Zacarías. [1] Rey de Israel, hijo y sucesor de Jeroboam (2 R 14.29; 15.8, 11). [2] Abuelo del rey Ezequías (2 R 18.2; 2 Cr 29.1). [3] Jefe de una familia de rubenitas (1 Cr 5.7). [4] Portero del

tabernáculo en tiempo del rey David (1 Cr
9.21; 26.2,14). [5] Descendiente de Benjamín
(= Zequer) (1 Cr 9.37). [6] Músico, levita en
tiempo del rey David (1 Cr 15.18,20; 16.5). [7]
Sacerdote, músico en tiempo del rey David (1
Cr 15.24). [8] Levita descendiente de Uziel (1
Cr 24.25). [9] Levita portero, descendiente de
Merari (1 Cr 26.11). [10] Descendiente de Manasés (1 Cr 27.21). [11] Príncipe del rey Josafat
(2 Cr 17.7). [12] Levita, descendiente de Asaf,
en tiempo del rey (2 Cr 20.14). [13] Hijo del
rey Josafat (2 Cr 21.2). [14] Hijo del sacerdote
Joiada (2 Cr 24.20,22). [15] Varón de Dios en
tiempo del rey Uzías (2 Cr 26.5). [16] Levita
descendiente de Asaf, en tiempo del rey Ezequías (2 Cr 29.13). [17] Levita en tiempo del
rey Josías (2 Cr 34.12). [18] Sacerdote, oficial
del rey Josías (2 Cr 35.8). [19] Profeta (probablemente =No.30) (Esd 5.1; 6.14; Zac 1.1,7;
7.1,8). [20] Jefe de una familia que regresó de
Babilonia (Esd 8.3). [21] «Hombre principal»
que regresó de Babilonia con Esdras (Esd
8.11,16). [22] Uno de los que se casaron con
mujeres extranjeras en tiempo de Esdras (Esd
10.26). [23] Varón que ayudó a Esdras en la
lectura de la ley (Neh 8.4). [24] Descendiente
de Judá (Neh 11.4). [25] Otro descendiente de

Judá (Neh 11.5). [**26**] Sacerdote en tiempo de Nehemías (Neh 11.12). [**27**] Sacerdote en tiempo del sumo sacerdote Joiacim (Neh 12.16). [**28**] Sacerdote, músico que ayudó en la restauración del muro de Jerusalén (Neh 12.35,41). [**29**] Sacerdote en tiempo del profeta Isaías (Is 8.2). [**30**] Hijo de Berequías (probablemente = No. 19). [**31**] Padre de Juan el Bautista (Lc 1).

Zacur. [1] Padre de Samúa (Nm 13.4). [**2**] Descendiente de Simeón (1 Cr 4.26). [**3**] Levita, descendiente de Merari (1 Cr 24.27). [**4**] Músico, descendiente de Asaf (1 Cr 25.2,10; Neh 12.35). Véase Zabdi. [**5**] Uno de los que ayudó en la restauración del muro de Jerusalén (Neh 3.2). [**6**] Levita que firmó el pacto de Nehemías (Neh 10.12). [**7**] Padre de Hanán (Neh 13.13).

Zafnat-panea, nombre que Faraón dio a José (Gn 41.45).

Zaham, hijo del rey Roboam (2 Cr 11.19).

Zalmuna, rey de Madián muerto por Gedeón (Jue 8.5-21).

Zanoa, descendiente de Judá (1 Cr 4.18).

Zaqueo, publicano en cuya casa Jesús se alojó durante su estancia en Jericó (Lc 19.1-10).

Zaqueo se subió a un árbol para ver a Jesús, pero Jesús lo invitó a bajar para conversar (Lc 19.1-26).

Zara, hijo de Judá y Tamar (= Zera No. 4) (Gn 38.30; 46.12; Mt 1.3).

Zatu. [1] Ascendiente de una familia que regresó de Babilonia (Esd 2.8; 10.27; Neh 7.13). [2] Firmante del pacto de Nehemías (Neh 10.14).

Zaza, descendiente de Jerameel (1 Cr 2.33).

Zeba, rey de Madián muerto por Gedeón (Jue 8.5-21).

Zebadías. [1] Nombre de dos descendientes de

Benjamín (1 Cr 8.15,17). [2] Guerrero que se unió a David en Siclag (1 Cr 12.7). [3] Coreíta, portero en tiempo de David (1 Cr 26.2). [4] Oficial del rey David (1 Cr 27.7). [5] Levita comisionado por el rey Josafat (2 Cr 17.8). [6] Alto funcionario del rey Josafat (2 Cr 19.11). [7] Uno de los que regresó de Babilonia con Esdras (Esd 8.8). [8] Sacerdote entre los que se casaron con mujeres extranjeras en tiempo de Esdras (Esd 10.20).

Zebedeo, pescador de Galilea, esposo de Salomé y padre de los apóstoles Jacobo y Juan (Mt 4.21; 27.56; Mr 1.19-20).

Zebina, uno de los que se casaron con mujeres extranjeras en tiempo de Esdras (Esd 10.43).

Zebuda, esposa de Josías, rey de Judá, y madre del rey Joacim (2 R 23.36).

Zebul, gobernador de la ciudad de Siquem (Jue 9.28-41).

Zeeb, príncipe de Madián muerto por Gedeón (Jue 7.25; 8.3).

Zefo, tercer hijo de Elifaz edomita (Gn 36.11,15; 1 Cr 1.36).

Zefón, primogénito de Gad (Nm 26.15). Se le llama Zifión en Génesis 46.16.

Zelofehad, descendiente de Manasés (Nm 26.33; 27.1,7; Jos 17.3).

Z

Zelote, apellido de Simón (Lc 6.15; Hch 1.13).

Zemira, descendiente de Benjamín (1 Cr 7.8).

Zenas, cristiano que había sido «intérprete de la ley» (Tit 3.13).

Zequer, descendiente de Benjamín (= Zacarías No. 5) (1 Cr 8.31).

Zera. [1] Descendiente de Esaú (Gn 36.13,17; 1 Cr 1.37). [2] Padre de Jobab (Gn 36.33; 1 Cr 1.44). [3] Hijo de Simeón (Nm 26.13; 1 Cr 4.24). [4] Hijo de Judá (= Zara) (Nm 26.20; Jos 7.1; 1 Cr 2.4; Neh 11.24). [5] Levita, descendiente de Gersón (1 Cr 6.21). [6] Cantor del templo (1 Cr 6.41). [7] Etíope que guerreó contra el rey Asa (2 Cr 14.9).

Zeraías. [1] Sacerdote de la línea de Eleazar (1 Cr 6.6,51; Esd 7.4). [2] Padre de una familia que regresó del exilio con Esdras (Esd 8.4).

Zeres, mujer de Amán (Est 5.10,14; 6.13).

Zeret, descendiente de Judá (1 Cr 4.7).

Zeri, músico entre los hijos de Jedutún (1 Cr 25.3); quizás el mismo que Izri (v. 11).

Zeror, ascendiente del rey Saúl (1 S 9.1).

Zerúa, madre de Joroboam (1 R 11.26).

Zetam, levita, descendiente de Gersón (1 Cr 23.8; 26.22).

Zetán, descendiente de Benjamín (1 Cr 7.10).

Zetar, eunuco del rey Asuero (Est 1.10).

Zía, descendiente de Gad (1 Cr 5.13).

Zibeón. [1] Ascendiente de Aholibama, mujer de Esaú (Gn 36.2,14). [2] Descendiente de Seir horeo (Gn 36.20,24; 1 Cr 1.38,40).

Zicri. [1] Levita, hijo de Izhar (Éx 6.21). [2] Nombre de varios descendientes de Benjamín (1 Cr 8.19,23,27). [3] Levita, descendiente de Asaf (1 Cr 9.15). [4] Padre de Selomit (1 Cr 26.25). [5] Padre de Eliezer (1 Cr 27.16). [6] Padre de Amasías (2 Cr 17.16). [7] Padre de Elisafat (2 Cr 23.1). [8] «Hombre poderoso» en el ejército de Peka (2 Cr 28.7). [9] Padre de Joel (Neh 11.9). [10] Sacerdote en tiempo de Joiacim (Neh 12.17).

Zif . [1] Nieto de Caleb (1 Cr 2.42). [2] Descendiente de Judá (1 Cr 4.16).

Zifa, descendiente de Judá (1 Cr 4.16).

Zifión, primogénito de Gad (Gn 46.16).

Ziha. [1] Padre de una familia que regresó de Babilonia con Zorobabel (Esd 2.43; Neh 7.46). [2] Oficial del templo en tiempo de Nehemías (Neh 11.21).

Zila, una de las esposas de Lamec (1 Cr 4.19,22,23).

Ziletai. [1] Descendiente de Benjamín (1 Cr 8.20). [2] Guerrero que se unió a David en Siclag (1 Cr 12.20).

Z

Zilpa, sierva de Lea y madre de Gad y Aser (Gn 29.24; 30.9-13; 35.26).

Zima, nombre de varios levitas (1 Cr 6.20,42; 2 Cr 29.12).

Zimram, hijo de Abraham y Cetura (Gn 25.2; 1 Cr 1.32).

Zimri. [1] Hijo de Salu, príncipe de Simeón (Nm 25.14). [2] Rey de Israel (1 R 16.9-20). [3] Hijo de Zera (1 Cr 2.6). [4] Descendiente del rey Saúl (1 Cr 8.36; 9.42).

Zina, segundo hijo de Simei (1 Cr 23.10,11).

Zipor, padre del rey de Moab (Nm 22.2,4,10,16).

Ziza. [1] Descendiente de Simeón (1 Cr 4.37). [2] Hijo del rey Roboam (2 Cr 11.20).

Zobeba, descendiente de Judá (1 Cr 4.8).

Zofa, descendiente de Aser (1 Cr 7.35-36).

Zofai, Levita, descendiente de Coat (1 Cr 6.26).

Zofar, uno de los tres amigos de Job (Job 2.11; 11.1; 20.1).

Zohar. [1] Padre de Efrón heteo (Gn 23.8; 25.9). [2] Hijo de Simeón (Gn 46.10; Éx 6.15).

Zohet, descendiente de Judá (1 Cr 4.20).

Zorobabel, descendiente de David que regresó de Babilonia y fue gobernador en Jerusalén después del exilio; allí inició la reconstrucción del templo (Esd 3—5; Neh 7.7; 12.1,47). Fue ascendiente de Cristo (Mt 1.12-13; Lc 3.27).

Zuar, Padre de Natanael (Nm 1.8; 2.5).

Zur. [1] Príncipe madianita muerto por Finees (Nm 25.15; 31.8). [2] Benjamita, tío del rey Saúl (1 Cr 8.30; 9.36).

Zuriel, jefe de los levitas, descendiente de Merari (Nm 3.35).

Zurisadai, padre de Selumiel (Nm 1.6; 2.12).

Z